汉语数字词语研究

胡 亭
邓竹琴
温佳晴
胡佳玮 ○著

四川大学出版社
SICHUAN UNIVERSITY PRESS

图书在版编目（CIP）数据

汉语数字词语研究 / 胡亭等著． — 成都：四川大学出版社，2023.1
（语言与应用文库）
ISBN 978-7-5690-5921-2

Ⅰ．①汉… Ⅱ．①胡… Ⅲ．①现代汉语—词语 研究 Ⅳ．①H136

中国国家版本馆 CIP 数据核字（2023）第 015658 号

书　　　名：	汉语数字词语研究
	Hanyu Shuzi Ciyu Yanjiu
著　　　者：	胡　亭　邓竹琴　温佳晴　胡佳玮
丛　书　名：	语言与应用文库
丛书策划：	张宏辉　黄蕴婷
选题策划：	毛张琳
责任编辑：	毛张琳
责任校对：	张伊伊
装帧设计：	墨创文化
责任印制：	王　炜
出版发行：	四川大学出版社有限责任公司
	地址：成都市一环路南一段 24 号（610065）
	电话：（028）85408311（发行部）、85400276（总编室）
	电子邮箱：scupress@vip.163.com
	网址：https://press.scu.edu.cn
印前制作：	四川胜翔数码印务设计有限公司
印刷装订：	四川省平轩印务有限公司
成品尺寸：	170 mm×240 mm
印　　张：	11
插　　页：	2
字　　数：	177 千字
版　　次：	2023 年 3 月 第 1 版
印　　次：	2023 年 3 月 第 1 次印刷
定　　价：	68.00 元

本社图书如有印装质量问题，请联系发行部调换

版权所有 ◆ 侵权必究

前　言

《周易·系辞上》："易有太极，是生两仪，两仪生四象，四象生八卦，八卦定吉凶，吉凶生大业。"① 《老子》："道生一，一生二，二生三，三生万物。"② 古人对世界的认识与"数"息息相关。中华文明最初的结绳记事，启示着先民关于"数"的概念。《周礼·地官·大司徒》："三曰六艺：礼、乐、射、御、书、数。"③ 汉郑玄注："数，九数之计。"④《后汉书·律历志上》："古人之论数也，曰：'物生而后有象，象而后有滋，滋而后有数。'然则天地初形，人物既著，则算数之事生矣。"⑤ "数"的客观存在，引申到算数、天文、历法以及生活的各个领域，并构成人类认知的重要组成部分。反映在语言上，便是词汇中出现了大量与"数"相关的词汇。本书将之称为"数字词语"，其数量、含义及深层的文化意义都相当丰富，极具研究价值。

本书侧重汉语数字词语的本体研究，首先重点讨论了数字词语的结构、语义和句法功能；其次探讨了伴随着社会的发展和语言的演变而出现的新兴数字词语；最后从跨文化的角度，对比分析了不同语言中数字的含义和文化差异，这对汉语数字词语的国际教学具有一定的参考价

---

① 参看《子夏易传》卷七《周易·系辞上》，清通志堂经解本。
② 《老子·第四十二章》，《古逸丛书》影唐写本。
③ 郑玄注，陆德明音义：《周礼》卷三《地官·司徒第二》，《四部丛刊》明翻宋岳氏本。
④ 郑玄注，陆德明音义：《周礼》卷三《地官·司徒第二》，《四部丛刊》明翻宋岳氏本。
⑤ 范晔：《后汉书》卷九十一《律历志第一》，百衲本影宋绍熙刻本。

值。研究时，将共时分析与历时分析相结合，宏观分析与微观分析相结合，既有词群分析，也有个案分析。

本书具体章节安排如下：

绪论是全书研究的起点和基础，该章借鉴了胡亭硕士学位论文中的部分研究成果，从研究对象及选题缘由、前人和本书关于数字词语的界定、汉语数字词语相关研究述评、本书的章节安排和研究方法等方面进行了详细阐述。

第一章分析了数字词语的结构。将数字词语划分为单纯式、合成式、特殊结构及数字待嵌格式等结构类型，并分别进行讨论。

第二章重点讨论了数字词语的理性义与附加义，以举例分析的方式指出了表示不同虚实概念的数字词语所凸显的词义特点差异。

第三章分为两大部分，前半部分对40个数字词语进行句法分析，总结其句法特点，从中管窥数字词语整体的句法特点。后半部分对方式副词"逐一"进行了重点考察，探析"逐一"的历史来源并分析其形成路径，为方式副词的研究做了一定的探索工作。

第四章将研究视角转向21世纪的汉语数字词语，总结了21世纪汉语数字词语的新变化，并以"零X""X二代""X零（0）后"为例，分析了数字新词群的相关问题。

第五章借鉴了胡亭硕士学位论文中的部分研究成果，并基于前人相关研究成果，对汉语与外语中数字所蕴含的民俗文化意义进行对比分析，论述了"零、一、二、三、四、五、六、七、八、九、十、十二、十三、十五、三十六、七十二、七十三、八十四、一〇八、二百五、百、千、万"等数字在汉语和外语中民俗文化意义的异同及原因，简要探讨了现代汉语和外语中数字语义定势迁移的情况。

余论部分总结全书，并论及本书未尽但仍值得深入思考和探讨的相关论题。

本书"绪论"部分由胡亭执笔；第　章"数字词语的结构"由邓竹琴、胡佳玮共同执笔；第二章"数字词语的意义"由温佳晴执笔；第三章"数字词语的语法分析"由温佳晴、胡佳玮共同执笔；第四章"21世纪的汉语数字新词语"由邓竹琴执笔；第五章"中外数字民俗文化意义对比研究"由胡亭、胡佳玮共同执笔；余论部分由胡亭、邓竹琴、温佳晴、胡佳玮四人共同执笔。最后，胡亭、邓竹琴、温佳晴、胡佳玮四人共同统校全书。

目　录

绪　论 …………………………………………………………（ 1 ）

第一章　数字词语的结构 ……………………………………（ 29 ）
　第一节　单纯式 ……………………………………………（ 31 ）
　第二节　合成式 ……………………………………………（ 33 ）
　第三节　特殊结构 …………………………………………（ 35 ）
　第四节　数字待嵌格式 ……………………………………（ 40 ）

第二章　数字词语的意义 ……………………………………（ 49 ）
　第一节　数字词语的理性义 ………………………………（ 52 ）
　第二节　数字词语的附加义 ………………………………（ 60 ）
　第三节　数字词语个例分析 ………………………………（ 70 ）

第三章　数字词语的语法分析 ………………………………（ 81 ）
　第一节　数字词的句法角色 ………………………………（ 83 ）
　第二节　副词性数字词句法功能探析
　　　　　——以"逐一"为例 ………………………………（ 92 ）

第四章　21世纪的汉语数字新词语 …………………………（103）
　第一节　21世纪汉语数字词语的新变 ……………………（105）
　第二节　21世纪汉语数字新词群探微 ……………………（109）

第五章　中外数字民俗文化意义对比 …………………………(133)
第一节　数字"零"及其民俗文化意义…………………………(135)
第二节　数字"一"及其民俗文化意义…………………………(136)
第三节　数字"二"及其民俗文化意义…………………………(137)
第四节　数字"三"及其民俗文化意义…………………………(138)
第五节　数字"四"及其民俗文化意义…………………………(139)
第六节　数字"五"及其民俗文化意义…………………………(141)
第七节　数字"六"及其民俗文化意义…………………………(142)
第八节　数字"七"及其民俗文化意义…………………………(144)
第九节　数字"八"及其民俗文化意义…………………………(146)
第十节　数字"九"及其民俗文化意义…………………………(148)
第十一节　数字"十"及其民俗文化意义………………………(149)
第十二节　数字"十三"及其民俗文化意义……………………(150)
第十三节　其他数字及其民俗文化意义…………………………(151)

余　论 ………………………………………………………………(153)

参考文献 ……………………………………………………………(159)

绪论

一、研究对象及选题缘由

词汇是语言这座建筑的基石，汉语数字词语是汉语词汇的重要组成部分。本书以汉语数字词语为研究对象，是出于以下几个方面的考虑：一是数字词语在汉语中占有相当大的比例，且使用频率较高。我们用"汉语大辞典"为检索工具，查出仅"一"居首的词、成语、谚语和惯用语就有2438条，"一"居中的有1203条，"一"居尾的有195条。此外，据周瑞敏对《现代汉语词典》（第五版）的统计，数字词语共1256条[①]；据张瑜对《汉语成语实用词典》的统计，仅数字成语就有大约500条[②]；《现代汉语常用词词典》也单独列出77个数字词语进行意义的诠释，如"二进宫、五光十色、再三"等。二是数字词语融入了中华民族的传统价值观、哲学宗教思想、政治历史和生活经验，如"朝三暮四、一毛不拔、一尘不染"等词语有着丰富的文化内涵。三是随着国家对外开放政策的实施以及网络技术的发展，数字新词语大量涌现，反映着社会热点，聚焦国家大事和党的方针政策，在词汇构造、语义表达，以及社会文化心理等方面都值得深入研究。四是在汉语国际教学实践中，数字词语的教学效果还不够理想。外国学生常出现数字词语使用偏误，如："现在我们有一半课。"胡亭对北京语言大学 HSK 动态作文语料库中的偏误语料统计分析发现，学习者常出现书写性偏误、结构性偏误、语义性偏误、语法性偏误、语用性偏误。[③]

希望我们对汉语数字词语的研究能为汉语词汇学的研究尽绵薄之力，为社会历史文化研究以及跨语言研究、跨文化比较研究提供词汇学证据，同时也为广大汉语学习者和汉语教师提供一定的参考。

[①] 周瑞敏：《〈现代汉语语词典〉（第五版）数字词语研究》，新疆师范大学硕士学位论文，2013年。

[②] 张瑜：《吉尔吉斯斯坦学生汉语数字成语掌握情况调查研究》，新疆大学硕士学位论文，2015年。

[③] 胡亭：《〈汉语水平词汇和汉字等级大纲〉中的数字词研究》，四川大学硕士学位论文，2017年。

二、数字词语的界定

（一）前人对"数词"的界定

数词作为现代汉语中独立的词类可追溯到 20 世纪 40 年代，王力先生在《中国现代语法》（商务印书馆，1943 年）中认为，凡表示数目者，叫作数词。此后各个版本的《现代汉语》都将数词单独列为词汇中的一类，并进行了定义和分类。如：

邢福义《现代汉语》（高等教育出版社，1991 年）将数词分为两类，即多数表确定数目（三、十、十三）或少数不确定数目（几、许多、无数）的基数词，和表示与数有关序列的序数词。

张登歧《现代汉语》（高等教育出版社，2005 年）将数词分为基数词和序数词，分别表示数目和次序。基数即数目的大小，分为"一……十、两、零、半"等系数词和"十、百、千、万、亿"等位数词。

齐沪扬的《现代汉语》（商务印书馆，2007 年）指出，数词是用来表示数目的，如大写数字、小写数字、阿拉伯数字。可分为基数词和序数词两大类，前者包括系数、位数、概数、小数、分数、倍数等，主要表示数目的大小，如"一、五"等；后者表示事物概念，如"第一、第十五"等，有的序数词不用"第"，如"一月、三叔、五楼"等。①

周一民《现代汉语》（北京师范大学出版社，2007 年）指出，数词包括基数词和序数词，前者表示数目多少，兼有序数词的功能，包括系数词和由"零、半、一……十、两"等系数与"十、百、千、万、亿、兆"等位数组合成的词；后者表示次序前后，一般由基数前加"第、老、初"构成，如"第一、老五、初七等"，还包括天干、地支、英文字母。

---

① 书中明确指出数词不同于数目，"一……十、百、千"等有限、封闭的是数词，而"十一、二十三、四百零五、六千七百八十九"等无限、开放的是数目。表示数目可以用数词，也可以用其他方法。书中还提到"〇（零）""两"也是数词，概数包括"来、把、左右、前后"等。

黄伯荣、廖旭东《现代汉语》(高等教育出版社，2007年)指出，数词分为可组成表示倍数、分数、概数的基数词和表示次序前后的序数词。后者常在基数前加前缀"第"或"初"，有时用"天干、地支"等表示序数。

张斌《新编现代汉语》(复旦大学出版社，2008年)指出，数词不同于数目，数词系统包括"一……十、零、半、两、双(双既是数词，又是量词)"等系数词，"十、百、千、万、亿、兆"等位数词，"廿、卅"等系位数词，"俩、仨"等数量数词，"两、几、多、数、无数、多少、若干、许多"等概数词。

鲍厚星、罗昕如《现代汉语》(湖南师范大学出版社，2009年)指出，数词是表示数目的词。数词包括"一……十、零、半、两"等系数词，和"十、百、千、万、亿"等位数词，以及"二十、三百、四千、十亿"等复合数词。此书与他书的不同之处在于将基数词、序数词、整数、分数、小数、倍数、概数列为数目表示范围。

刘焱、汪如东、周红《现代汉语概论：留学生版》(上海教育出版社，2009年)指出，数词表示数目和次序，包括含"系数词、位数词和概数词"的基数词和"由基数词前加助词'第'或'初'构成"的序数词。

综上可知，前人对"数词"的内部分类还存在一定分歧，但其较为一致地认为数词是用来表示数目和次序的，数词不等于数目。大部分教材把数词分为两大类，即基数词和序数词，少部分教材将"分数、小数、倍数、概数"与"基数、序数"并列归入数词。对于序数词，大部分教材认为序数词是由"第、初、老"等加上基数词构成，表示序列，只有周一民《现代汉语》(北京师范大学出版社，2007年)认为序数词还可以用天干、地支以及英文字母来表示。对于基数词，大部分的教材分类不一致。除此之外，"零、半、两、双、廿、卅、俩、仨、兆"，"壹、贰……玖、拾、佰、仟"等是否归入数词，不同的教材也有不同的判断。概数部分，有的教材把概数归入基数词，而序数词由"第+基数词"构成，能说"第几"，能否可说"第左右""第许多""初若干"还需要进一步研究。

此外，还有一些专著和词典对数词进行定义。如吕叔湘《现代汉语八百词》（商务印书馆，1999年）中定义为：数词包括"一、二……"等简单数词和在简单数词的基础上加"十、百、千、万"等位数词组成的复合数词。

（二）前人对"数字词""数字语""数字词语"的界定

数字词语与数词密切相关，但有本质上的不同。尽管学界已经陆续开展了数字词语的研究，但对于数字词语的名称和定义还存在较大的分歧。使用的名称有"数字词""数字词语""数字语""纯数字词语""数字仿语"等。

周荐把数字词语分为三个类别：数字词，即"三九、四书、九天"等以数字构成或参与构成的词；数字成语或数字俗语，即"九五之尊、一掷千金"等以数字构成或参与构成的成语或俗语；数字仿语，即"三皇五帝""一千零一夜"等以数字构成或参与构成的仿语。[①]

张威、徐小婷把"110、MP3、985工程"等以阿拉伯数字为书写形式的词语称为阿拉伯数字词，简称数字词。这些词语词形中用一个或一组阿拉伯数字来表达某种特定含义，是在当代汉语中产生并逐渐成长起来的一类新型的汉语词汇类型。[②]

邓丹阳认为数字词是指含有数字的词语。参考《现代汉语词典》（第7版）对于"数字"的释义，可将数字词大体分成含汉字数字的传统数字词和含符号数字（此处专指阿拉伯数字）的数字词两大类。后者根据其构词形式又可细分为阿拉伯数字与符号组合类数字词、阿拉伯数字与英文字母组合类数字词、阿拉伯数字与汉字组合类数字词、混合组合类数字词、纯阿拉伯数字组合类数字词。[③]

邵宜在网络语言研究中指出，所谓数字词主要指代替了汉语句子表

[①] 周荐：《数字仿语的构成及其为词典收条的问题——汉语词语类型近代以来的发展变化举隅之一》，《汉语学习》2005年第1期，第39～44页。

[②] 张威、徐小婷：《阿拉伯数字词探析》，《宁夏大学学报（人文社会科学版）》2007年第3期，第26～29页。

[③] 邓丹阳：《详解数字词的存在与使用》，《语文建设》2019年第22期，第78～80页。

达功能的数字串，两者是通过谐音系联的，例如"7456"（气死我了）等。和隐语一样，数字化的表达形式只能看作在特定语境中使用的特殊表达方式，还不能看作词。此外，文章认为"MP3""W8"等属于字母数字词。①

周启强、谭丹丹认为，数字词主要是指用阿拉伯数字的谐音来表示某种特定的含义，如"918（加油吧）"；也有少部分通过数字的隐喻来表意，如"010"表示孤独等。②

周卫红认为网上的数字语表意丰富，它们大多是按数字与汉字谐音的对应关系来造词的，如"770（亲亲你）"，体现了后现代"数字化、计算机化"的知识特征。③

杨绪明、杨文全认为，数字型词语主要是指用阿拉伯数字（或中文数字）单独或者与汉字、英文字母一起组合而成的一类新词语，这类词语大多是名词，如"110、985（高校）"等。④

此外，还有一些学位论文也对数字词语、数字文化等进行了界定。限于篇幅，本书不展开阐述。

综上所述，学界对"数字词语"的界定还存在一定分歧：一种观点认为数字词语是由汉语数字参与构成的词语，它们是在社会和历史的更迭中沿用下来的具有民族特色的词语，如"百花齐放"等；持第二种观点的学者们认为数字词语就是数量指代，如"双赢"等；持第三种观点的学者们认为数字词语是由阿拉伯数字参与构成的词语，大多来源于网络，如"666"等。学者们对数量指代是不是缩略词有争议。如蒋向勇将"四害、三反"等称为数字统括语，认为数字统括语不是缩略语，缩略应当是在原式基础之上进行的缩减，而不应该出现任何原式中并不存

---

① 邵宜：《近年的新词语研究》，《学术研究》2004 年第 9 期，第 131~134 页。
② 周启强、谭丹丹：《从模因论看网络新词语的构词特点》，《湖南科技大学学报（社会科学版）》2013 年第 5 期，第 139~141 页。
③ 周卫红：《论网络语言的后现代文化内涵》，《晋阳学刊》2006 年第 5 期，第 76~79 页。
④ 杨绪明、杨文全：《当代汉语新词新语探析》，《汉语学习》2009 年第 1 期，第 97~104 页。

在的语素。① 齐沪扬、邵洪亮认为"原有数字统括＋附加语"是缩略词语，如"211工程"。② 郭鸿杰、周芹芹称为数字概括式缩略词。③ 关于这一点，我们认同俞理明先生（2005）的观点，即数量指代是和缩略有一定联系但又彼此区别的语言现象。④

（三）本书中的"数字词语"

作为本书研究对象的"汉语数字词语"是一个广义的概念。我们研究的"数字词语"，既包括由"一""二""十""百""万"等记录数字的汉字（或语素）参与构成的词，如"一旦""四周""千万"，它们与传统意义上专门用以表达汉语"数"和"序"的"数词"有区别，也包括含有数字成分的语。由于汉语的词和语有时难以划分，我们把这些带有汉语数字的词、语（包括成语、惯用语等），以及一些由纯阿拉伯数字构成或阿拉伯数字参与构成的网络新词语⑤，统一称作"汉语数字词语"，并将四音节以内的数字词语作为主要研究对象。

三、汉语数字词语相关研究综述

截至2022年1月14日，笔者以CNKI数据库为文献来源，确定了"数字词语、数词成语、数字俗语、数字仿语、数词对称成语、包含模糊数词的四字成语、含数字的成语、数字谚语"8个检索词。经过人工

---

① 蒋向勇：《现代汉语缩略语的认知研究》，湖南师范大学博士学位论文，2014年。
② 乔沪扬、邵洪亮：《新词语可接受度的多角度审视——兼谈新词语的规范问题》，《上海师范大学学报（哲学社会科学版）》2008年第2期，第74~79页。
③ 郭鸿杰、周芹芹：《现代汉语新词语的构词特点——兼评〈新华新词语词典〉》，《解放军外国语学院学报》2003年第4期，第40~43、53页。
④ 俞理明：《汉语缩略研究——语言符号的再符号化》，巴蜀书社，2005年。
⑤ 网络数字新词语，包括由纯阿拉伯数字构成的数字新词语，如"666"；阿拉伯数字与英文字母构成的字母数字词语，如"MP3"；数字、字母、汉字共同组合成的数字词语，如"BIG5码"等。网络数字新词语通常通过谐音、谐义、谐形、谐音夹谐义等方式构成。谐音数字新词语有的谐汉语音，也有的谐英语音，有的甚至通过谐汉语和英语两种方法转换构成（如"2"表示"到"）。还有一些"另类"网络数字新词语，如"2"表示"意思意思"，需要通过数学公式转换。网络数字新词语往往具有隐语的性质，是特定语境中的特殊表达，其使用范围有限。

干预，删除非研究类论文，并排除非语言研究类文献，最终得到414篇有效文献。应用CNKI对414篇文献进行可视化计量分析，发现汉语数字词语的相关研究主要集中在21世纪。如图1所示：

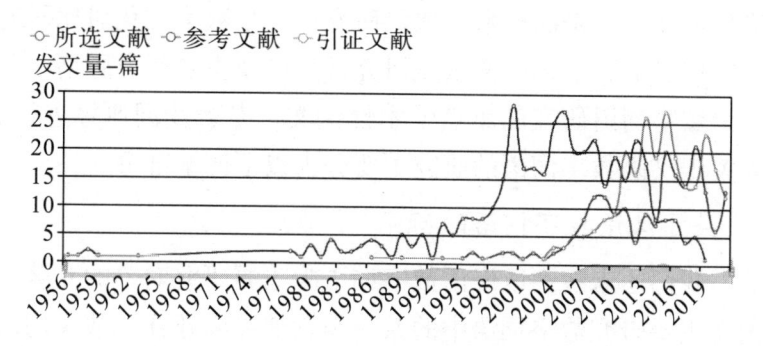

图1 汉语数字词语研究总体趋势分析图

此外，笔者还借助"CiteSpace 5.8. R3"软件生成汉语数字词语研究热点的科学知识图谱。在时间起止点设置为1986—2022年，年份切片为1年的情况下，运用CiteSpace进行数据操作。可视化分析结果见图2：

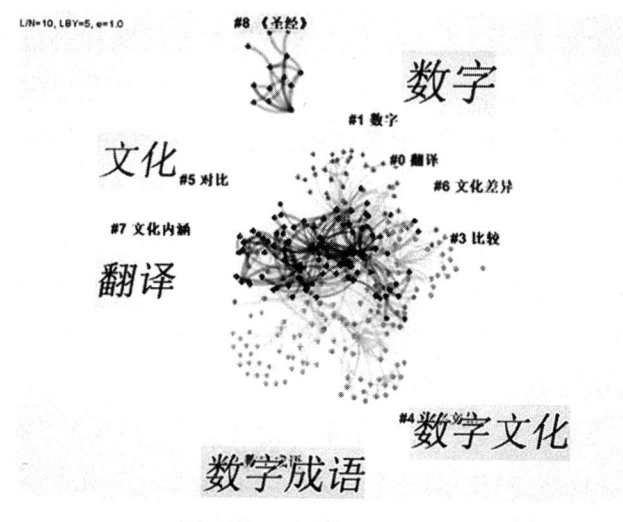

图2 汉语数字词语研究热点可视化图谱

图2清晰地显示了汉语数字词语研究的关键词节点。排名前8的关键词分别是"翻译、数字、数字成语、比较、数字文化、对比、文化差

异、文化内涵"。这8个关键词之间的关联度不同，关联度较高的关键词之间容易形成研究热点。根据其被引频次的排名以及关键词之间的系联关系，我们可以把汉语数字词语的研究热点分为三类：一是汉语数字词语的文化内涵；二是汉语数字成语研究；三是数字文化对比研究。

为了掌握汉语数字词语的重点研究视角以及主要研究脉络，我们还对关于汉语数字词语研究的重点学术性论文、专著及词典等进行综述，发现前人关于汉语数字词语的研究主要分为以下四个部分。

（一）关于汉语数字词语的研究[①]

目前，我们还未找到以汉语数字词语为主要研究对象的专著。一部分学术论文主要研究数字词语中的某一类。如：周荐在《数字仂语的构成及其为词典收条的问题——汉语词汇类型近代以来的发展变化举隅之一》中着重探讨近代以来，尤其是20世纪产生出来的三类数字仂语的构成情况，分析其涌现的原因、结构、语义、用法，并对它们是否具有为词典收条的资格提出看法。慕春艳在《谈成语中的数字》中探讨了带数字的成语的语义、语法结构、修辞等。张丽丽、戴卫平在《英汉数字词喻义研究》中从数词语义、语用的模糊性、委婉用法，数字的情感意义、禁忌、联想意义与民族文化心理等方面对英汉两种语言中的数字词语进行对比，在其相似、差异与空缺中分析背后的文化根源。邓丹阳在《详解数字词的存在与使用》中选择阿拉伯数字与汉字组合类、纯阿拉伯数字组合类数字词作为研究对象，探讨了其表意功能和存在的社会原因，以及数字词使用对语言生活的积极和消极影响，并对其规范使用提出建议。张威、徐小婷在《阿拉伯数字词探析》中分析了阿拉伯数字词的产生及原因，并对其进行分类，分析了其特性等。此外，还探讨了阿拉伯数字词与网络数字语言的区别。

针对某一类数字词语研究的学术性论文整体偏少，分为含有汉语数字的数字词语和含有阿拉伯数字的数字词语两类。学者大多从语言学的角度探讨数字词语的结构、语义、用法、造词来源等，少数从英汉对比

---

① 本书只对从语言学或文化学角度对数字词语或数字进行研究的成果进行述评，其他研究不属于本书所探讨的范围。

的角度切入，且很大篇幅探讨其中数字的文化内涵。

大部分的研究成果主要针对数字词语的个案。如：袁伟在《"（X）万"从数词到副词的发展》中探讨了现代汉语中"（X）万"的句法、语义特点，并分析了"千万"和"万万"的句法、语义差异；还从历时的角度考察了"（X）万"的演化轨迹、特点、演化的内外部机制等。章康美在《数字成语的抽象义说略》中以"一"所构成的数字成语为例，推演数字成语中数字语义的虚化过程、数字成语的构成，以及数词抽象意义理解的注意事项。刘芳在《成语数词格式之初探》中探讨了"一X半X""三X二（两）X""十X九X"等18个成语数词格式的意义、形成原因、结构和构成成分的词性等。曾劲在《"数X数X"型成语浅析》中从表层和深层两个角度探讨了"数X数X"型成语的结构，并逐一分析了"一X数X"型、"十X数X"型等十类成语的语义特点。张金霞在《四字成语中"一"的数字配合使用研究》中对四字成语中"一"的数字配合使用的主要形式及其意义进行具体分析。吴早生在《数字对举格式的构式语义》中把汉语的数字对举格式分为"同数对举"和"异数对举"两个大类，探讨了其构式语义，并从认知功能语法的角度论述其成因。许剑宇在《一种以"一"与"半"为特征词的关系构式》中探讨了一种特殊构式"一……半……"，将其分为两类，分别探讨其句法结构、字数与节律、语义信息、性质特点等。陈绂在《浅析嵌有数字的成语——兼谈对外汉语教学中的文化内容》中以含有数字"一""三""九"的成语为例，具体分析并解释蕴藏在数字中的文化指向及其由来，还探讨了在对外汉语教学中帮助学生确定某一个数字所表示含义的方法及注意事项。刘文霞、棘阳在《汉俄语中含有数字"七"的词组、成语之内涵、外延及其翻译》中分别列举了汉语和俄语中含有数字"七"的词组、成语，探究其内涵和外延，并探讨了汉俄互译的总原则。

关于数字词语的个案分析主要是以某一个具体的结构类型为研究对象，而非具体的某个数字词语。其中，数字成语受到的关注最多，而对词组的研究力度还不够。学者大多数注重从语言学的角度进行结构和语义分析。共时研究比较多，历时研究比较少。此外，还有少量文章探讨了数字的文化、数字词语的翻译等。

(二) 关于汉语数字文化[①]的研究

数字文化的研究肇始于20世纪40年代闻一多先生的《七十二》。此后，学者们针对汉语数字文化进行了大量的研究，既有专著，也有学术论文，甚至个别学者专门编撰了词典。其中，专著主要有：韩杰《数字与色彩趣谈》（中华书局，2010年）在算学、天文、礼乐、易象、礼仪、诗歌、语言等领域中阐释数字文化；吴慧颖《中国数文化》（岳麓书社，2013年）前三章选择了从数到文化的研究方法，后三章选择了从文化到数的研究方法，具体阐释了十个先民接触最早、使用最多、历史文化积淀最深厚的数字；位同亮《中华数字文化》（泰山出版社，2002年）探讨了"一些具体数字所代表的数字文化""数字在空间时间上表现出的文化属性""数字与中国语言、中国民俗文化的关系"等内容，还对几种亵渎中国数字文化的现象进行了剖析；吴义方、吴卸耀《数字文化趣谈》（上海大学出版社，2005年）分别探讨了数学、语言、文学、军事、礼仪、历法、生活等领域中的数，以及数字的内涵、文化意义，数字的禁忌等内容；张德鑫《数里乾坤》（北京大学出版社，1999年）结合"六""十""十三"探讨了数字吉凶象征的中外不同文化审美因素，十几个基本数词丰富的文化蕴涵及渊源演变，"亿、兆"等汉语表特大数的词语，"二百五""三八""九百"的由来，"数字姓、称、名""生肖文化"等内容；史本善、高平均、刘春《中国传统数字文化大全》（团结出版社，2017年）对中国传统数字文化进行了回顾和汇总，涉及文学艺术、民俗民风、人生哲理、吉祥文化、赏石文化、饮食文化、姓氏文化等诸多领域；杨鸣园《中国汉字中的数字文化》（浙江工商大学出版社，2018年）结合数字诗、嵌数诗、纯数字对联、数字歇后语等阐释了"数字之趣"，还探讨了"数字姓氏"、十几个基本数字及数字文化。

---

① 有些学者没有严格区分"数词文化"和"数字文化"。本书在表述中统一采用"数字文化"，而不称为"数词文化"，在引用前人原文中的表述时不改变其"数词文化"的说法。

上述研究成果既探讨了一些具体数字所蕴含的文化内涵，也从文学、姓氏、生肖、军事、历法等具体领域着手，分析其中的数字文化。整体来看，上述专著关于数字文化的研究较为全面，但由于所涉及的面较广，难免存在部分内容研究深度不够的情况。也有少数专著以某个领域的数字文化为主要研究对象，如：李安辉、李时佳《神秘文化数生肖》（河南大学出版社，2005年）将数字文化与生肖的由来、生肖文化、生肖与民俗、生肖传说等结合起来。

除了专著，还出现了一本关于数字文化的词典，即武立金《数文化鉴赏词典》（军事谊文出版社，1999年），该词典所收录的数字词语主要是名词，如"二壮士、七贤、八大圣地"等。

关于数字文化的研究成果以个案分析为主。一些学者主要从语言学的角度探讨了具体的汉语数字及其倍数的语义，有的还考释了其语义的演变、古今用法，对比分析了一些数字在语义、语用、语法上的异同。朱祖延在《释"十二"、"三十六"、"七十二"》中以"十二、三十六、七十二"及其十、百、千、万倍为例，结合具体例句，阐释在阅读古籍时要善于识别"十二、三十六、七十二"等数字究竟是虚数还是实数。张德鑫在《"三十六、七十二、一〇八"阐释》中对汉语中"三十六、七十二、一〇八"三个奇特又神秘的相关成数进行考释，并解释其在古代多虚用以及受到国人喜爱的原因；又在《"百、千、万"小考漫议》中统计发现，汉语中最常用的表大数值的位数词是"百、千、万"，"千"在唐宋诗词中用得最多，大大超过"百"和"万"，并指出汉语大数字的表述是外国人学汉语的一大难点，应进一步了解"百、千、万"相互组合表大数的词语的规律和特点，尤其是它们在语义、语用、语法上的异同。

一些学者结合具体的数字，主要从文化的角度分析数字所蕴含的文化内涵。张德鑫在《数"九"》中结合"九"的字形、相关神话传说、与别的数词搭配使用，以及"建筑装饰、官职等级、法令制度、礼仪祝颂"等阐释"九"在中国数文化中是一个极数、圣数、吉数；又在《数字姓、称、名——汉语数文化奇观》中从数字姓氏、数字称呼、数字名字等方面探讨了汉语数文化，以及清代满族人、当今日本人姓名中数字使用情况。张红运在《数字与时空——古老数字的文化内涵》中对"一、二、三、四"等古老数字的文化考察发现,它们可以表示混沌时空、阴阳时空、哲理时空、抽象与具体并存的文化时空等时空内涵。谢洪欣在《浅论数词的运用与文化协调》中探讨了数词运用的原则,指出要想充分发挥数词在语言中的交际功能,就要做到数词的运用与各民族的文化相协调。

还有一些学者从语言学和文化学相结合的角度,探讨了汉语数字。张德鑫在《"零"与"〇"》中沿文化语言学的轨迹,探讨了"零"在现代汉语中的使用规则、词性,"零"在数学、哲学、艺术等领域中的内涵和深邃的文化底蕴,以及"〇""零"的异同。吴远在《汉字"〇"辨析》中针对汉字"〇"与"零"以及阿拉伯数字"0"使用混乱的情况,追寻"〇"的演化轨迹,并从形、音、义三个角度对汉字"〇"进行辨析;还针对"〇"的规范使用提出建议。张德鑫在《"半"解》前半部分从语言角度着重对"半"的词性问题进行研讨;后半部分从文化角度探讨了"半"字中的哲理、"半"词语的文化蕴涵、"半"字诗缘、当代"半"文化等。他还在《谈尚五》中探讨了佛教、中医、宗法、音乐、饮食、天时等十几个领域中"五"和别的数词组合的情况以及意义,并列举了一些数字词语的出典或源流;还结合阴阳五行、民俗文化等探讨"五"的应用、起源与流行的原因。

汉语数字具有民族性,既离不开语言学的研究方法,也离不开文化学的研究视角。目前,个案分析已经有了很多的研究成果,但有的只从语言学的角度分析其语义、语法、语用,或考释其语义演变;有的只从文化学的角度考察其所蕴含的文化内涵。只有一部分文章将语言学和文化学结合起来。此外,上述研究成果只涉及一部分汉语数字,有一些汉语数字只在专著、学术论文中被提及,甚至还有一些尚未引起学界的关注或重视,有待进一步深入研究。

有的文章主要涉及汉语和外语数字文化对比研究。一些学者从宏观层面对汉语和外语中数字文化内涵进行对比分析。姜丽在《日汉语言中数字的文化内涵》中从数字表示吉祥、褒义、凶恶、贬义,模糊概念三个方面对日汉语言中数字的文化内涵进行对比阐释。彭永爱在《汉英数字模块语义定势与文化心理变数》中从中西数字不同的语境探讨其在认知、信仰和应用等方面的差异来阐释中西数字模块的语义定势与文化心理变数。丛亚平在《论俄汉民族的数字文化》中从文化的理念生成、文化的物化事象、文化的价值取向等三个方面展开论述，探讨了俄汉民族数字文化的异同。陈运香在《汉英数字中的国俗语义解析对比》中探讨了汉英数字的国俗语义，既注重个性特征，也注重共性特征。温洪瑞在《英汉数字符号系统及其文化涵义对比研究》中从符号学的角度，对中英两种语言的数字符号系统的结构、功能和用法及其文化内涵作对比分析。

一些学者注重从具体的数字，即微观的层面着手，对比分析汉语和外语数字所蕴含的文化内涵。李德祥在《俄语数字文化简论——兼与汉语数字文化比较》中结合"一、三、……九、十、十三"等数字，对俄汉数字文化进行了比照性分析。蒋虹在《灵动的数字》中列举了俄文数字"七"与中文数字"九""三"，对比分析中俄两个民族的数字文化特点。陈运香在《"一"意深远——汉英数字"一"的哲学文化蕴含探析》中以数字"一"为研究对象，对汉英语言的"一"进行比较分析，挖掘其哲学内涵。殷莉、韩晓玲在《民族文化心理与英汉数字习语》中从"三"与"九"、"六"与"七"、"四"与"十三"、"五"与"星期五"的禁忌、单数与双数之崇拜等入手，探讨英汉数字习语所体现出的不同文化意蕴和民族文化心理。何柏生在《神秘数字的法文化蕴含》中分别论述了"一"……"九""十"以及"十三"在不同国家所蕴含的法律文化，以及神秘数字对法文化的影响。

综上，汉语和外语数字文化对比分析以汉英和汉俄为主，汉语与其他外语的对比分析还比较欠缺。

此外，还有研究探讨了汉语与少数民族语言数字文化的异同。黄中祥在《维吾尔哈萨克语中的四十和七反映的文化特征》中从数字与民族心理、数字与宗教信仰两个方面，探讨了汉族、维吾尔族、哈萨克族文化中的数字含义。丁鹏在《汉维数字禁忌文化浅析》中比较汉语中的"十""九""八""六""四""五""三"，维吾尔语中的"九""七""四""十""一""二""三"等数字，总结出汉维数词在文化色彩上的六点差异。

有的学者探讨了方言中的数字文化。虞忠在《上海话里有趣的"三"》中探讨了"三"在上海话中的特殊用法,如"掼三"(事情败露)等,重点探讨了上海话中"阿三""肮三""瘪三""拉三""弹老三"等数字词语的数字文化意义及来源。

有的学者探讨了汉语数字文化翻译策略和翻译中存在的问题。刘晓雪在《汉语言中数字的符号意义及翻译探讨》中根据莫里斯语言符号的意义观,从指称、言内和语用三个方面剖析汉语数字符号的意义,探讨了汉语数字的英译过程中不同意义的可译性强弱,以及各自适用的翻译方法。肖跃田在《数字模糊语义及文化意象的解读与英译——以〈子夜吴歌〉、〈早发白帝城〉及其英译为例》中解读李白二诗中的文化意象,并对照相关翻译,发现西方译者缺乏对汉语数字的文化意蕴和数字词组创构的文化意象的了解,造成原语数字模糊语义和诗歌文化意象在翻译中的严重缺失。

有的学者结合外语翻译文章论证汉语特有的数字文化。李国南在《英语观照下的汉语数量夸张研究——"三""九"的汉文化特征》中将汉语古典诗词与西方汉学家的译文进行对比,并结合大量英诗中数量夸张的类型统计数据,论证运用"三""九"及其倍数的数量夸张的汉民族文化特征。

上述研究成果主要涉及汉语数字,而阿拉伯数字传入中国后,在长期的实践与使用中,也孕育出数字文化。一些学者结合实践应用进行探讨。张铁文在《阿拉伯数字引入汉语的历程》中通过考察明清以来的资料,重点探讨了阿拉伯数字在汉语中不同领域的使用历程,以及"汉字数字、苏州码子、罗马数字和阿拉伯数字在汉语中的竞争""阿拉伯数字译名的演变"等。付伊在《广告语中的数字美》中从"数字表示商品的名字""数字在广告语中显出修辞美"等几个方面探讨了广告语言中数字词的美妙运用。陈姝金在《广告的数字魔方》中探讨了阿拉伯数字和汉字数词在广告中应用特征,对比分析了二者的优缺点,以及各自适合的广告刊播媒介形式;还探讨了数字魔方的错觉技巧。赵玉春在《1234567890营销策略上"数"的妙用》中从店铺取名巧用吉利数,商品商标、广告宣传、营销策略、价格标示、商用电话等方面,论述企业家巧用数字"6""8""9"等情况。李其进、王传斌在《挖掘农村民俗文化数学元素 服务农村小学数学教学》中认为挖掘出农村民俗文化中隐含的数学元素,用于开发本土化的教学素材,并应用到课堂教学中,能激发学生学习数学的积极性和主动性。

可见,阿拉伯数字文化主要是用于商业营销,其次还用在生活和教学中。

(三)与数字词语相关的其他领域的研究

汉语文化词语的研究一般都会提及汉语数字词语。解海江在《汉语文化词典释义的几个问题》中指出汉语文化词语包括文化伴随意义词、不对应词、背景词;数字词属于文化伴随意义词,对数字词的释义应侧重于解释汉语中数字词的文化意义。赵伟礼在《英汉体语词对比——从人体习语的文化意义谈起》中对比研究了英汉人体习语构成的体语词的结构,指出数词与人体词构成的体语词在不同程度上反映出一个民族的文化。

有的文章是在研究新词新语时提到汉语数字词语。邵宜在《近年的新词语研究》中指出,将网络语言纳入"新词语"范围,争议比较大的是数字词等不同于传统模式衍生出来的汉语词的特殊成分;还提到了网络语言中"520"等数字词和"MP3、W8"等字母数字词。惠天罡在《近十年汉语新词语的构词、语义、语用特点分析》中指出,近十年汉语新词语还以大量的外文字母和数字作为构词材料,表现为数字词、数字与汉字组合成词,以及数字、字母、汉字共同组合成词等。张廷香、吕艳辉在《非汉字词的形音规范化探讨》中指出,按引入方式分类,"S208"等数字及其组合的字符序列属于自造非汉字词;按组成成分分类,外文字母缩略语加数字或特殊符号("MP3")、纯数字组合形式("886")也属于非汉字词;文章认为"纯数字词"是否算在汉语词汇内还有待商榷,还规范了非汉字词中出现的数字的读音。胡云晚在《〈百家讲坛〉新词语的文化心理》中指出,《百家讲坛》中出现了三类字母词,其中之一为"MP3"等"字母+数字"词。郭鸿杰、周芹芹在《现代汉语新词语的构词特点——兼评〈新华新词语词典〉》中发现新词中数字概括式缩略词能产性很高；数字词和不同词性的语素结合，形成了大量如"三薪、双赢"等缩略词；还把所收集语料中的中英混形词和拉丁字母词分为9类，其中之一为"数字加英语字母，如Windows98、MP3"。杨文全、杨绪明在《试论新词新语的消长对当代汉语词汇系统的影响》中指出，数字词是新词新语的主要类型之一。二人又在《当代汉语新词新语探析》中指出数字词等在新词语中所占的比重大为增加，是新词新语总体发展不平衡的主要表现之一。齐沪扬、邵洪亮在《沪上校园新词语的构成、来源及结构方式》中指出，有几类自创新词语与数字有关：一是利用已有的构词法和汉语语素构造新词语（"25点生活"），它们并非纯粹的数字词语；二是"原有数字统括＋附加语"构成的缩略语（"211工程"）；三是固定项数目＋变动项符号（"3+X"）；四是谐音（"886"）、借代（"286"）、摹声（"555"）等三种数字词。马玉红、彭琰在《北京高校学生新词新语使用现状调查及其语言学思考》中指出"9494（就是就是）"等数字型语言的使用反映了高校大学生追求省时省力、简洁浓缩以及个性化的心理，但过度简缩的数字词语义透明度差，受众有限。齐沪扬、邵洪亮在《新词语可接受度的多角度审视——兼谈新词语的规范问题》中指出，"原有数字统括＋附加语"（"211工程"）等缩略词语较为合乎习惯、可接受度相对较高；而通过谐音（"886"，指拜拜了）、借代（"286"，借代286电脑，比喻反映迟钝或落伍的人）、摹声（"555"，哭泣声）等方式构成的数字词，只是一种文字游戏，意义不明确，在传统的构词法中很少出现，可接受度很低。程俊在《时尚语言使用情况探微》中指出，"3344（生生世世）"等直接用数字表意的自创数字词属于时尚语言的一种类型，即自创新词。闵毅、伍丹、宗莉加、刘冬在《浅谈网络写作中的副语言运用》中指出，表谐音的数字（"8147"）、表示某种特定抽象含义的阿拉伯数字特别组合（"121"）等属于键盘符号的构成要素；利用数字或字母谐音来组成的新词，体现了键盘符号不容易认知的特点。

  上述研究主要涉及网络数字词语是否属于新词新语，数字词语的结构、类型、性质、可接受度、能产性、构成理据、使用心理、发展前景以及对新词新语总体发展的影响等内容。

此外，网络语言的研究，通常会提到由阿拉伯数字构成的数字词语。胡云晚在《网络新词语的文化价值取向及文化行为方式》一文中指出，网民创造的谐音类、谐形类、谐义类、谐音夹谐义类数字词，体现了崇尚创新的文化价值取向，谐音表义的数字词体现了力求简约的文化价值取向。黎昌友在《网络语词的类型》中根据构成手段的不同，将专门用于虚拟网络社区的网言网语分为8种类型，包括数字型（"885"），字母数字兼用型（"3W"），字母、数字与汉字兼用型。袁子凌、许之所在《网络语言的特点及其文化意义》中发现网络语言中有一部分由数字构成，一是英文字母和数字谐音示义（"B4"）；二是纯数字（"886"）。彭巧燕、贺方春在《网络语言与语言教育》中指出数字式词语（"1314"）体现了网络语言的简略性特点，数字词等充斥网络，既有引起词汇运用的分歧和混乱等负面影响，也有其积极影响。秦秀白在《网语和网话》中认为"使用英文词首字母和阿拉伯数字混合成词（4G）""使用数字的谐音构成数字话语（56—无聊）""在连贯话语中使用以数字谐音替代英语单词或汉字（乐4我乐）"等体现了网话的变异性的语体特征。徐国红在《网络语言的渗透及其规范化思考》中指出，数字词、字母词、图形符号等的组合就是为了在网络交际时用最快速、最简洁的语言传递出最大的信息量。

惠天罡在《网络词语构词探析》中发现网络词语中出现了一部分由数字构成的潜语素，如"8"在"88"中属于构词词素，而"9"和"4"在"9494"中是"就"和"是"的谐音，具有词素与词的双重身份；并分析了数字成为潜语素的原因以及其由潜到显的途径。孔瑛在《网络语对大学生语言的异化蠡测》中指出数字、符号谐音表达方式等是网络语言缩略生动性的表现，数字、字母词的汉英滥用是网络语言异化的表象之一，对于数字词使用等现象，可以借语言自发性规范消除其对交际带来的影响。张润娟在《网络语言的发展趋势和立法规范研究》中认为数字化、符号化等是网络语言的特点，网络语言使用数字是为了提高键盘输入信息的速度，但存在很多问题：汉字中掺杂着大量的数字、字母、符号，错别字、歧义词满天飞。牟玉华、谢旭慧在《"网络语言"影响下的汉语、汉字发展趋势》中指出，网络语言将汉字、拼音或字母、特殊符号以及数字杂糅在一起，化繁为简，实质上是对传统输入法的改良；"0748（你去死吧）"等脏乱现象，实质上是社会中少数人卑劣心态的反映；文章还表达了关于汉字符号改革的看法。

施春宏在《网络语言的语言价值和语言学价值》中发现，网络表达中的数字词大多运用谐音修辞手法；很多修辞方式是在汉语/汉字、英语/英文字母、数字、符号的综合运用中体现出来的。周启强、谭丹丹在《从模因论看网络新词语的构词特点》中认为，字母词、数字词和图形符号大量涌现，体现了语言模因的时尚性；所谓抵制字母、数字和图形符号进入汉语，捍卫汉语纯洁，既不必要，也不可能；数字和图形符号输入便捷，表达简练，幽默诙谐，能取得独特的交际效果。周洪学在《论网络语言的陌生化手段》中认为利用谐音方式创造的数字词，是网络语言陌生化的语音手段；数字还可以与字母一起组合通过谐音的方式表示特殊的含义，如"4U"是"for you"的谐音。武小军在《网名成因的社会语言学阐释》中发现，网名的特点之一是忽略传统文法，以经济省事为基本原则，采用汉语字词、英文字母和词语、数字、其他键盘符号及其各式组合；其词内部结构松散，构成灵活、多样，由于其"代符"的特点，可看作汉语称谓词的一种变异。黄兵在《网络词汇变异的社会文化心理透视》中发现网络语言有多种词汇变异类型：数字谐音（"74839"）属于语音变异；数字引申义、数字的隐喻和象征功能（"1775"），属于语义变异；把汉字与字母、数字进行组合，创造出多种语码混写的词汇，属于拼写变异；大量使用数字词体现了网民去繁尚简的心理。周卫红在《论网络语言的后现代文化内涵》中指出，网络语言充斥大量数字语的特点体现了后现代"数字化""计算机化"的知识特征；网上的数字语表意丰富，它们大多是按数字与汉字谐音的对应关系来造词的，如"770"；另外一些是从其他角度着眼的，如"286"；数字语的广泛使用既反映了网民们的诙谐幽默，也反映了对数字高度认可的后现代主义态度。骆昌日、何婷婷在《网络语言的特点及其情感性意义》中指出，数字型网络语言主要是由一个或多个数字组合而成，又可分为数字谐音（"7456"）、数字会意（"0010"）和数字象形（"751"）；符号型网络语言也可以根据需要使用数字；数字词体现网络语言创新性、形象性、随意性的特点。刘钦明在《"网络语汇"的组合理据分析》中指出，利用数字（多数是阿拉伯数字）构成的词属于非汉字符网络语汇的一种类型；还探讨了一些数字音节代替其他音节的前提条件，"2＝意思意思""886""2谐吐""2义为到""678""286"等"另类"数字词的构成理据，用数字记录"网络语汇"的积极和消极影响，以及由字母、数字、特殊符号、汉字混合构成的混合字符网络语汇的类型和结构。邹立志在《从语言系统本身看网络语言的规范》中指出，"7456"等数字词属于异读异体词；不论是异读异体同形词、字母词还是数字词，都大致分为积极义和消极义两种。汪苏在《论写作学如何正确对待QQ语言》中研究发现，QQ语言产生的来源之一是音节谐音，一般为数字或英语字母，如"748"；来源于英汉互译及其英汉互译过程中的缩写、谐音等，如"me2（me too）""3Q（thank you）"等。

前人在研究网络语言时主要探讨了网络数字词语的类型、结构、来源、构造理据、修辞手段、特点、使用心理、使用条件以及与传统构词方式的区别等，有的学者分析了数字在网络语言中的性质，即是语素还是词。此外，网络数字词语是否属于新词新语还存在争议，如周洪学认为，这些借助语音手段产生的数字词是一种表音符号，数字本身没有意义，并不是真正意义上的新词语。学者们对网络语言中使用数字词语或数字的态度不同，有的学者认为使用数字词带来快速、简洁、时尚、创新、诙谐幽默的积极效果，如徐国红（2013），胡云晚（2009），牟玉华、谢旭慧（2008），周启强、谭丹丹（2013）等。但更多学者，如彭巧燕、贺方春（2007），张润娟（2007），骆昌日、何婷婷（2015），刘钦明（2002），邹立志（2007）等认为既要看到使用数字词语的积极效果，也要注意其破坏汉字形音义，引起词汇运用的分歧和混乱，导致大量错别字、歧义词等消极影响。需要注意的是，网络语言中由数字参与构成的表情符号不属于数字词语。

一些学者在汉语词语教学研究中提到数字词语的教学。刘艳平在《中、高级对外汉语成语教学的调查与反思》中针对包含数字的成语的教学提出教学建议。吕兰在《英汉表达差异点滴》中为了提升英语学习者学习效果，论述了包括"数词习语"在内的英汉表达差异。葛万学、葛东岩在《高中二年级（上册）哲理成语》中重视包括"士别三日，刮目相待"等数字词语在内的富有哲理的成语的课堂教学与能力训练。刘善涛、李敏、亢世勇在《对外汉语新词教学信息库的研究与实现》中探讨对外汉语新词教学信息库的建库原则、语料来源等，指出为了研究的全面，信息库还收录了其中的数字词、字母词和数字字母词。章黎平、解海江在《汉语文化词典收词的科学性原则》中认为世界汉语教学需要一部汉语文化词典，指出数字词属于文化伴随意义词；文章还结合具体的数字用例探讨了汉语和英语数字文化伴随意义的不对称性。

一些学者研究新闻媒体语言时提及数字词语。崔希亮在《基于语料库的新媒体语言透视》中发现新媒体各种语言形式中还有数字词，认为数字谐音的语言形式在微博语料中出现频率高的主要原因是用户打字方便，还具有隐蔽性，有点像"黑话"。周瑛在《信息传播媒介影响下的语言变化探析》中探讨在传播媒介影响下的语言变化形式，发现数字词的数量比较少，大多由阿拉伯数字与英语字母共同组合而成；在现代化传播媒介中使用数字词是一种较为高效的信息传递手段，具有一定普及性，在词汇推广中不容忽视。张志佩在《现代媒体体育新闻标题的语文文体解读》中探讨了体育新闻标题语言的格式、修辞、语调等，发现标题中的数字妙用是新闻标题第一时间抓住读者眼球的关键要素之一。

一些学者在探讨词典收录标准时涉及数字词语，如徐庆凯在《〈语言大典〉词目类型举隅》中认为单纯数字构成的词目是《语言大典》（王同亿主编，三环出版社，1990年）不应该收的词目类型之一（不包括"三三五五"等成语），并以"九"字打头的数字词目为例进行探讨。

一些学者研究藏汉语码混用时提到数字词语，如李永斌在《拉萨店名的语言特征》中指出数字词在拉萨店名中的使用大多体现店主的意图，有时是受商标年代等所限，这些数字词的意义多与顺、发、久等相关。

其他相关的研究中亦提到数字词语：邱志华在《语言模糊性的语用研究》中指出，言语由精确向模糊转换的表现之一就是数字词的使用；王萍在《论空间维度下语言景观的历史变迁》中探讨了空间维度下语言景观的历史变迁，发现现今的店名选词的范围和形式更多样，包括使用数字；龚晓斌在《原型范畴理论对于汉英成语相互转换的启示》中论述原型范畴理论在汉英成语相互转换中的应用，发现"一"到"十"，"百、千、万（汉语）、百万（英语）"等，是数字基本范畴里的原型或典型成员，它们之间的转换不会引起语义上的误解；季丽莉在《商标的社会语言学分析》中发现商标语言中使用了三类数字词语，一是由阿拉伯数字构成，二是由汉语数字构成，三是数字加汉语词构成，并深入分析了这几类数字词语的词义。

（四）与数字文化相关的其他领域的研究

中外文化对比领域，通常涉及中外数字的文化内涵，如数字吉凶、禁忌的差异及原因，使用数字表意的理据、数量修辞手法等内容。朱葵、吴军赞在《从文化视角探讨英汉习语中数词模糊性的处理》中分析了英汉习语中数字的文化内涵、数词模糊性的表达、数词模糊性的处理方式等。林伦伦在《汉英委婉语禁忌语的异同及其文化原因》中探讨了汉英两种语言的委婉语和禁忌语的异同及其社会原因，指出数字禁忌与隐私、宗教信仰、政治信仰、生活观念、审美观有关。刘晓新在《隐喻性思维与英汉民族心理差异的研究》中对英汉隐喻作了对比分析，发现英汉语言中有大量数字词，还对比了"六"在汉语和英语中数字文化的不同。李速立在《刍议中西文化差异在语言交流中的体现》中认为中西文化差异在语言交流中体现在"称谓、问候语、称赞语、禁忌语、习语、颜色词、数字词"等多个方面，还对比分析了汉语和西方吉数和禁忌数的差异以及原因。杨文全、曹敏结合语言"塔布"[①]，探讨汉英民族的文化心理差异，指出汉英数字文化体现了宗教文化差异和风俗习惯差异。马琴、王京华在《谈文化差异与英汉词汇不对应现象》中探讨了文化差异与英汉词汇不对应现象，主要体现在表达动物的词、数字词和颜色词等词类中，还对汉英数字词语及其数字文化内涵进行对比。姚小

---

① 所谓语言"塔布"（linguistic taboo）包括两个方面：一是语言的灵物崇拜（语言拜物教），一是语言的禁用或代用（委婉语词和鄙视语词）。参考杨文全、曹敏：《语言"塔布"与委婉：人类话语行为的制衡器》，《西南师范大学学报（人文社会科学版）》2022年第6期。

烈在《中韩交流中的网络语言文化障碍》中发现，谐音数字属于中韩网络语言的表现形式之一，还分析了中韩网民在网络中使用数字表意的理据。李国南在《对比修辞学：关于对比框架的构想》中探讨了修辞的语言差异和文化差异，以及汉语、日语、英语中使用数量夸张、数量借代的案例、理据等。

在对外汉语教学及教师培养中，通常涉及数字文化。杜彬在《对外汉语专业学生文化翻译技能的培养策略》中指出数字文化的翻译可以作为培养学生文化翻译知识的教学内容。原绍锋在《对外汉语教学渗透文化传播之方法论》中以具体数字的文化内涵为例，指出中国文化里有太多关于数字的知识，要根据教学对象的程度，在语言教学中加以概括和渗透，酌情讲解数字文化知识。范晓玲在《跨文化交际视角下对中亚留学生敏感话题的调查分析》中通过对跨文化交际中的敏感话题的调查，发现交际者的恭维、数字禁忌等言语行为会因其依托的文化背景的不同而表现各异，从而对于跨文化交际产生重要影响。

一些关于语言翻译的文章，也会强调数字文化翻译的重要性。如：李文戈、武柏珍在《翻译学视野中的语言模糊性》中结合现实语料探讨了语言的模型性及翻译策略，涉及数量概念词的模糊语义，翻译时对数字的处理方法和原则等。王黎在《从认知角度看隐喻翻译中的喻体意象转换》中探讨了隐喻翻译中喻体意象转换的必要性及其策略，指出动物、植物、数字等文化意象在英汉两种语言中的文化内涵并不完全一致。王静在《文化意象的解读——谈〈汤姆叔叔的小屋〉的翻译策略》中也提到动物、植物、数字等文化意象传递的重要性。

此外，还有一些领域研究中提及数字文化，如杨建国在《面向汉语国际教育的汉语文化词语的界定、分类和选取》中指出数字文化属于行为文化，即在长期的人际交往中约定俗成的习惯和风俗。王浩、张标在《〈说文〉部首创制观念研究》中提及数字文化的作用，王宁在《论词的语言意义的特性》中以汉语中具体数字及其文化内涵为例，证明了民族性是词汇意义不可或缺的特征，不会随科技发展程度而发生变化。

（五）学位论文中的相关研究

一些学位论文也对数字词语和数字文化进行探讨，其中以硕士学位论文居多，也有一些博士学位论文。限于篇幅，本书只提及相关的博士学位论文。刘文宇在研究汉英双语者数字、汉语数词加工及语言选择的机制时，涉及"从认知角度看语言和数字的关系""从文化的角度看语言和数字的关系"等内容。[1] 任广旭对比研究中韩数词的应用，涉及数词的基本特征对比，十几个基本数词抽象意义的对比，命名中数词、经济活动中数词的应用对比等。[2] 卡丽娜对比研究乌汉语词汇时，涉及乌克兰和中国数字文化的差异及原因。[3] 吴纪梅从历时的角度考察了汉语常用单音动词带宾语的情况，发现字母词、数字词宾语的出现以及动宾匹配的泛化趋势，如"刷888""打110"，还探讨了该结构出现的原因，动词与这些特殊宾语的关系等。[4] 代少若研究湖南赣语词汇时，发现有一类四字格数字列举式，探讨了数词在词汇中的作用，以及数字词的意义。[5] 裴红幸在比较研究汉越俚语时，结合具体的数字词语，对汉越俚语中的数字文化进行对比。[6] 岳岚在研究晚清时期西方人所编汉语教材时，发现罗存德、鲍康宁等西方学者在语法教学中关注了数词所体现的中西文化差异。[7] 姜莉在研究连云港方言词汇时指出"数字类词素"属于连云港方言词汇中的高频词素和特色词素，并结合普通话的用法，对比分析了这类词的结构及语义特点。[8] 蒋向勇在研究现代汉语缩略语时提到数字统括语，以及将数字、英语字母、汉语拼音字母等各种符号进行混搭，产生诸如"F2F（面对面）""P9（啤酒）"等混杂类字母词；明确指出这类词不属于汉语缩略语。[9] 霍文博研究发现，汉字谐音和数

---

[1] 刘文宇：《汉英双语者数字、汉语数词加工及语言选择的机制研究》，大连理工大学博士学位论文，2009年。
[2] 任广旭：《中韩数词应用对比研究》，中央民族大学博士学位论文，2013年。
[3] 卡丽娜：《乌汉语词汇对比研究》，复旦大学博士学位论文，2008年。
[4] 吴纪梅：《汉语常用单音动词带宾情况的历时考察》，华中师范大学博士学位论文，2008年。
[5] 代少若：《湖南赣语词汇研究》，陕西师范大学博士学位论文，2016年。
[6] 裴红幸：《汉越俚语比较研究》，广西民族大学博士学位论文，2020年。
[7] 岳岚：《晚清时期西方人所编汉语教材研究》，北京外国语大学博士学位论文，2015年。
[8] 姜莉：《连云港方言词汇研究》，山东大学博士学位论文，2018年。
[9] 蒋向勇：《现代汉语缩略语的认知研究》，湖南师范大学博士学位论文，2014年。

字谐音等谐音词是"热门·电竞"微博语篇词语的一种类型；文章还探讨了这类词语的使用心理及使用普及度。① 高群和谭学纯探讨了夸张语义的生成机制，指出夸张语义以"夸张量"的生成为前提；还讨论了"夸张量"呈现的具体形式——夸张型数字成语的结构和语义特点。②

从目前的研究情况来看，数字文化的研究相对数字词语的研究更为充分，而关于汉语数字词语（包括阿拉伯数字词语）的具有深度的综合性研究成果还较为缺乏，大多是零散的个案分析。

四、本书的章节安排和研究方法

（一）章节安排

"绪论"主要介绍本书的研究对象及选题缘由，前人以及我们对于数字词语的界定以及汉语数字词语的相关研究综述。第一章讨论了数字词语的结构，把数字词语分为单纯式、合成式、特殊结构、数字待嵌格式，并对其特点、类型等进行了研究。第二章讨论了数字词语的词义，重点探讨数字词语的理性义和附加义，对一些有代表性的数字词语进行了个例分析。第三章对数字词语的语法功能进行研究，对以"逐一"为代表的副词的来源和形成进行了分析。第四章聚焦21世纪的汉语数字新词语，从宏观上总结了数字词语在21世纪的新变化，又从微观上对"零X、X二代、X零（0）后"等新词群进行了探析。第五章从语言文化对比的角度，对数字在汉语和其他语言中的民俗文化意义进行了较为详细的分析，其中包含"零、一、二、三、四、五、六、七、八、九、十、十三"等常用数字在不同语言和文化中的对比分析。余论是对全文的总结，以及笔者们完成相关章节后的一些思考。

（二）研究方法

一是文献研究法。本书多处采用文献研究法：一方面，通过检索重

---

① 霍文博：《"热门·电竞"微博语篇研究》，吉林大学博士学位论文，2020年。
② 高群、谭学纯：《夸张研究：结构·语义·语篇》《语言文字应用》2012年第3期。

点学术性论文、专著及词典等，对与汉语数字词语相关的研究进行述评；在此基础上，重新界定了本书所探讨的"数字词""数字语""数字词语"；分析了前人研究的薄弱之处，确定了本书的研究对象、研究范围以及研究角度等。另一方面，借助文献对比研究法，对比分析了汉语与外语中数字的民俗文化意义。

二是定量定性分析法。"广义的数字词语"数量较多，限于篇幅，本书无法一一提及。为了得出较为客观的结论，我们采用了定量定性分析法，如第二章以 30 个数字词语为主要研究对象，探讨数字词语的词义；第三章在《现代汉语词典》（第七版）中随机选择了 10 个数字词语，加上第二章的 30 个数字词语，然后在北京大学 CCL 语料库和北京语言大学 BCC 语料库中为每个数字词语随机筛选出 50 个真实例句，共计 2000 个例句，作为研究数字词语句法功能的语料，在此基础上总结出这 40 个数字词语的句法功能特点。

三是语料库调查法。本书的写作建立在大量语料调查的基础上，部分语料来源于权威的汉语语料库，如：北京大学 CCL 语料库（网络版）与北京语言大学 BCC 语料库。部分关于吴音及吴语资料来源于网站"吴音小字典·吴语小词典（https://wu-chinese.com/minidict/index.php?searchlang=ng）"；还有一部分语料来自主流新闻媒体，如《人民日报》等。

四是可视化分析法。本书综述部分以 CNKI 数据库为文献来源，通过限定时间跨度和关键词，经过人工干预，最终得到 414 篇有效文献。应用 CNKI 对 414 篇文献进行可视化计量分析，获得了汉语数字词语研究总体趋势分析图。还借助"CiteSpace 5.8. R3"软件生成了汉语数字词语研究热点的科学知识图谱。

此外，本书各章节既有共时的探讨，也有历时探源；既有词群分析，也有个案分析。

第一章
数字词语的结构

第一章　数字词语的结构

第一节　单纯式

单纯数字词是指由一个语素构成的数字词，更严格、准确地说，是从意义的角度不能再细分出更多构件的数字词。[①] 单纯数字词有单音节的，也有多音节的。我们常用的一些单音节数字是最简单的单纯数字词："零、一、二、三、四、五、六、七、八、九、十、百、千、万、亿、兆……"多音节单纯数字词中无论有多少音节，合起来才表示一个完整的意义，数量比较多的是联绵式数字词和音译外来数字词两类。

一、联绵数字词

联绵词，也作"连绵词"，是不能分开解释的两字格单纯词，其中每个字都只表音而不表义，不是单独的语素，只有两个字构成一个整体时才表达一定的意义，具有语素的资格。联绵词多产生于六朝前后，与古汉语词汇由单音节向复音节发展有关，按照古音声韵特点又可分为：双声词，即两个音节的声母相同，如"饕餮""崎岖"；叠韵词，即两个音节的韵母相同或相近（韵母中的韵腹、韵尾相同），如"徘徊""傀儡"；非双声叠韵词，即两个音节的声母和韵母都不相同，如"玛瑙""狼狈"。联绵词中的字有一部分是专职汉字，即只在所构成的那个联绵词中出现，如"彷""徨"；有一部分是非专职汉字，即除了在所构成的那个联绵词中出现，还可以与其他语素构词或单独出现，如"婆娑"中的"婆"。

[①] 对于"单纯词"和"合成词"，学界多从语素（即语言中最小的音义结合体）的角度来分类，但也有一些学者认为应从表义的角度来划分，因为单从语素的角度分析词的构成可能还无法彻底解决汉语词汇中的一些实际问题。周荐在《词汇论》中认为"字"也是词汇构成的基础，把被其他学者称为"剩余语素"的一些无义字（本身没有实际意义，只是有表音作用，如"琉""璃"）或弃义字（本身有意义，但在所组成的词中丢弃了本有的字义，如"福""尔""马""林"）看作"字串"。

联绵数字词是由两个汉字构成的双音节词，其中一个汉字是数字。数字在这类词中虽是一种非专职汉字，但不表达任何数量意义，而只是代表一个音节，其读音还可能有别于表数量时的读音。这类数字参与构成的联绵词如①：

八叉、百合、百债、百责、百鹩、笛六、隔四、刺八、六妥、牛六、千次、千凡、千眠、千千、千专、青零、万仇、五搂

二、音译外来数字词

外来词，顾名思义，是来源于其他语言的词汇，与不同民族、国家之间的物质和文化交流密切相关。汉语大规模地吸收外来词汇有两个主要的历史时期，一是汉魏六朝，二是近现代。学界一般把外来词分为半外来词和全外来词两种。半外来词是一半音译、一半意译的外来词，如"芭蕾舞""太妃糖"；全外来词是整体音译的外来词，如"奥林匹克""布尔什维克"。音译外来词在音节构成上与原词多是相对应的，即外语词是几个音节，借进汉语后仍是几个音节，如"幽默—humour（英语）""胡同—gudum（蒙古语）"。也有音节不对应的情况：外语词是两个音节以上，但汉语译借时只选择了其中的两个音节，如"悉昙—siddkam（梵语）""和南—vandana（梵语）"，或选择了缩略译法，如"罗汉—阿罗汉—arhat（梵语）""尼—比丘尼—bhikkhuni（梵语）"；外语词只有一个音节，但汉语借入时做了双音节化处理，如"基因—gene（英语）""费尔—fils（英语）"。

音译外来数字词是完全以汉语的字音对应外语语音的全外来词，其中虽有数字出现，但在表义上和"数"的概念毫不相关，数字在其中只代表一个音节，整个字音组合体才与汉语的一个语素或词相当。这类数字参与构成的音译外来词如②：

---

① 以下例证选自徐振邦编著《联绵词大词典》（商务印书馆，2017年）。
② 以下例证选自史有为主编《新华外来词词典》（商务印书馆，2019年）。

阿八其—abaqi（蒙古语）、八察都—běrtjatur（马来语）、八哥—babgha（阿拉伯语）、八合识—bagsi（蒙古语）、八扎儿—bāzār（波斯语/维吾尔语）、基八氏—kipas（马来语/印尼语）、百布顿—pepton（英语）、百布圣—pepsin（英语）、百岱—boida（蒙古语）、百老汇—broadway（英语）、胡不四—qobuz（突厥语）、开四米—cashmere（英语）、阔阔八都—kukubatu（蒙古语）、七昙—siddham（梵语）、三补吒—samputa（梵语）、三波多—samāpta（梵语）、三大罗—samdara（突厥语）、三德—sundae（英语）、三马—sanma（日语）、三明治—sandwich（英语）、三曼陀犍陀—samantagandha（梵语）、三曼多—samanta（梵语）、三昧—samādhi（梵语）、三摩—sama（梵语）、三菩提—sambodhi（梵语）、十里鼻—（契丹语）、四摩—sima（梵语）、五剌—ula（满语）、五思达—ustād（波斯语）、一阐提迦—icchāntika（梵语）

第二节 合成式

一、复合数字词

复合词是由两个或两个以上不同的语素构成的合成词。在复合数字词中，数字作为单词根直接构词或者作为复合词根、派生词根中的语素参与构词，表达一定的数字意义或由数字引申出的意义。绝大部分复合数字词中，词根与词根之间的语义关系较为清晰，主要有以下几类：

1. 联合式，也可称并列式，词根地位平等、意义相同、相近、相关、相反或相对，如：一二、千百、千万$_1$[①]、万千、亿万、一五一十、

[①] "千万$_1$"是副词，表"务必"。"千万$_2$"是名词，表"一千个一万"。

七情六欲、万紫千红。

2. 偏正式，即两个词根一个作修饰语起限定作用，另一个作中心语。

中心语表示事物对象，属定中偏正结构，如：半百、半路、半数、半天、一半、一万、二房、二婚、二流、二拇指、二十四节气、二人世界、二手烟、二心、二意、两边、两岸、两级、三弦、三百六十行、四处、四郊、四邻、四野、四周、四座、六指、六弦琴、七七[①]、八月瓜、九天、九霄、十万、百世、百业、百万、千万$_2$、万国、万民。

中心语表示动作行为，属状中偏正结构，如：一统、两抵、两可、两栖、两讫、两清、两全、三思、四伏、四顾、四起、四散、百出、百搭、万全。

3. 述宾式，也可称支配式，前一个词根表示动作行为，后一个词根表示前一个词根支配、关涉的对象，如：数九。

4. 主谓式，也可称陈述式，前一个词根是陈述的对象，后一个词根负责陈述、说明，如：一箭双雕、三生有幸、四大皆空、五雷轰顶、六亲不认、十指连心、百家争鸣、万众一心。

5. 补充式，后一个词根对前一个词根进行补充、说明，如：减半、统一。

二、重叠数字词

汉字重叠成词有两种情况。一种情况是相同音节相重叠，如"猩猩、狒狒、蛐蛐、蝈蝈、饽饽、太太"等。这一类词的特点是相同的汉字只表音，不表义，必须重叠使用，不重叠则不成词，整个重叠形式才能视为具有一个语素意义。学界一般把这种语音构词的形式称为叠音词，它们属于单纯词的一种。另一种情况是表达相同意义的词根重叠，

---

① 旧俗人死后每隔七天祭奠一次，第七个七天，也就是第四十九天的祭奠叫"七七"。这里的两个汉字"七"分别代表不同的意义，应视为两个不同的语素，不属于单纯词中的叠音词或合成词中的重叠词。

第一章　数字词语的结构

如"爸爸、妈妈、常常、每每、日日、月月、年年、纷纷、渐渐、刚刚、频频"等。这一类词的特点是相同的汉字可重叠使用，也可单独使用，每个字都具有语素义且可以指代整个重叠形式的意义，但通过重叠构成合成词后还会产生附加的意义。学界一般称其为重叠词，它们属于合成词的一种。

所有重叠式的数字词都属于合成词，数量不多，如：一一、千千、万万、千千万万、三三两两、三三五五、七七八八。

三、派生数字词

合成词中，一个直接组成成分为词根，另一个直接组成成分为词缀的词叫派生词。派生式数字词中，数字语素直接作为词根或参与构成词根或词缀，表达一定的数量义或数量引申义。根据词根的字数及其与词缀的前后位置，可以作以下分类：

1. 单字词根＋词缀，如：二手。
2. 多字词根＋词缀，如：一体化、二婚头、二流子、二愣子、两口子。
3. 派生词根（词缀语素和词根语素的组合）＋词缀，如：第一手。
4. 词缀＋单字词根，如：第一、初十、老幺（方言）。
5. 词缀＋多字词根，如：老百姓。

第三节　特殊结构

在对数字词的结构分析中，我们还发现了一些由两个或两个以上成分组成，但内部语义结构和外部形式之间无法完全对应，不能按一般语义结构规则分析的词语。对于这类词，向熹在讨论"超层次的复合词"时曾举了数例作了分析[①]，俞理明把（2003）这种具有特殊结

[①] 见《简明汉语史》上册，高等教育出版社，1993年，第515页。

构类型（既非单纯词又非合成词），不能按常规分析的词称为非理复合词。

一、隐缺词

隐缺指的是在一个完整的习惯用语中把其中表意所需的部分隐去不说，用剩余部分来表示这个隐去的内容。有的学者也称之为藏词、藏头词（隐去前半部分）或歇后词（隐去后半部分）。用这种方法造成的词语，在结构上是残缺、无理的，若非熟知原词语或典故者很难正常理解其内部语义结构。这类词语具有很强的典故性，类似猜谜，也具有很强的区域性和时限性，现在已较少使用，但仍然可以从历代文献中找到不少用例[①]：

1. "五星三"指"命"。旧时星命术士以"五星三命"来推算人的命运。

（1）他恼将起来，咬着牙拿起那水磨鞭，照着我就打来。哥哥，那时节若是别个，也着他送了<u>五星三</u>。（尚仲贤《单鞭夺槊》第二折）

2. "七大八"指"小"，即"小老婆"，源自俗语"七大八小"。

（2）我眼里见了多少人家<u>七大八</u>，不似这个真是能诗能画。（徐翙《春波影》）

3. "十生九"指"死"，源自成语"十生九死"。

（3）一贴发表药下去，这汗还止的住哩？不由的<u>十生九</u>了。（《醒世姻缘传》第二回）

4. "三更五"指"跕"，即"马儿跛行"，源自习语"三更五点"，"点"谐音"跕"。"七上八"指"下马"，源自成语"七上八下"。

（4）一日连骑趋朝，筠马病足行迟，烨问马何迟，筠曰：

[①] "七大八""猪头三"的例证转引自俞理明《汉语词汇中的非理复合词——一种特殊的词汇结构类型：既非单纯词又非合成词》，《四川大学学报（哲学与社会科学版）》2003年第4期。

"只为三更五"。烨曰："何不七上八。"（《坚瓠三集》卷四）

5."猪头三"指"牲"，谐音"生"，指生人、外行，处事不灵光、没头没脑的人，源自吴语词汇"猪头三牲"。

（5）他们之所以举我为代表的心事，我是十分明白的。就是说：让你这猪头三去为我们撑门面，你没有时间温课，也好让我们来高列。（郭沫若《反正前后》第一篇八）

二、非理仿词

仿拟是用一个同类词素替换原词中的相应词素构成新词的方式，其在修辞层面上构成的大多是临时性的成分，但当代汉语中也有很多新词就是利用仿拟造出的，因使用频率高、意义固定，进入了汉语词汇系统。"二奶"本来源于广东话"包二奶"，指与已婚男人有性关系并靠其供养的女人，后来人们又通过仿拟造出了"三奶""二爷"。在利用"二奶"进行仿拟的过程中，"奶"和"爷"的语素意义被人们重新解读为"情妇""情夫"，但是从整体结构上看，这种仿拟仍然是在同类对应前提下进行的，从词的结构和意义的分析上看是合乎常规的。

但有些仿词，语言使用者在仿拟过程中只考虑了其整体对应性，所以其中的替换并未遵循同类替换的原则，使得新生的仿词在结构上与原词出现很大差别，无法直接分析其内部结构。旧时军人称"丘八"，这是把"兵"字拆分后形成的一个单纯词。[①] 五四运动以后流行说"工农兵学商"，"学生"排在兵之后，所以人们仿"丘八"造了一个"丘九"来称学生。过去军人称"丘八大爷"，由于当雇工与当兵在劳动强度、不稳定性以及社会地位方面有不少相似处，雇工在"大爷"排行之后称"丘二"。在仿拟中，人们把"丘八"当成一个合成词，才造出了像"丘

[①] "丘八""丘九""丘二"的例证转引自俞理明：《汉语词汇中的非理复合词——一种特殊的词汇结构类型：既非单纯词又非合成词》，《四川大学学报（哲学与社会科学版）》2003年第4期。

九""丘二"这样的非理仿词。

三、缩略词

缩略是从一个常用但过长的词语中选取具有代表性的部分（音素或音节）组合成等义的新词。缩略不是书写造成的，在缩略过程中代表原形式的汉字是从语音的角度选取的，不以词素的角色参与构词。①无论缩略的原形式是词还是词组，缩略后的词汇形式都是词，与原形式同义且具有相同的语法功能。但由于缩略代表形式的选取通常没有顾及原形式的结构和语义关系，缩略词的内部往往无法作正常的构词分析。②

（一）合音缩略

合音缩略是从两个密切相连的音节中选取部分音素合成一个新的音节。合音缩略大多发生在双音节词语中，其中一些音素的缩略类似于古代的切音过程，如："三十→卅""四十→卌"。也有一些音素的缩略不是取前一字的声、后一字的韵，而是只取前一音节的前半部分，如："两个→俩""三个→仨"。

（二）选字缩略

选字缩略是从双字词或多字词中选取具有代表作用的字组合成等义的新形式。被选取的"字"可能是原结构中的三种成分：不能独立表义的非词素音节、词或词素。

1. 选用的字是非词素音节（一般发生在多音节单纯词中）："阿耨多罗三藐三菩提（梵语：anuttara—samyak—sambodhi，意为最高的智慧觉悟→三藐｜三菩提）"。

2. 选用的字是词素："二等秘书→二秘""二刻拍案惊奇→二拍"

---

① 缩略中，从语音角度选取的代表形式可以是音素、音节或音步。其中，音节或音步与汉字有一定的对应关系。

② 参见俞理明：《汉语缩略研究——缩略：语言符号的再符号化》，巴蜀书社，2005年。

"中国人民解放军第二炮兵部队→二炮""第二语言→二语""第一次世界大战→一战""中国第一汽车集团有限公司→一汽""高中三年级→高三""在公立九月九日登记结婚→九九婚""黑色星期五→黑五""北纬三十八度线→三八线""第三产业→三产""奔向三十岁→奔三"。

3. 选用的字是词的情况多见于一些原结构为定中语义关系的词语，或选用原结构中的中心词，如"儒家十三经→十三经"，或选用原结构中的限定词，如"二房太太→二房"。

一些非名词性限定成分经过缩略后往往就成了一些事物的名称，如"三倒拐街"缩略成"三倒拐"，"五月一日劳动节"缩略成"五一"，"八路军"缩略成"八路"，等等。它们不应被草率地看作一般复合结构，应还原至缩略前的形式来分析和理解。

（三）数量指代与缩略

数量指代是用一个简短的数量词组（有的具有成词倾向或被看作词）来指代几个并列的词语、句子甚至更长的语言单位，我们采用俞理明先生（2005）对数量指代的结构分析，将其分为五类：

1. 数词＋名词（前面可加限定性成分）：三苏（苏轼、苏洵、苏辙）、三围（胸围、腰围、臀围）、五大战区（东部战区、南部战区、西部战区、北部战区、中部战区）、七情（喜、怒、哀、惧、爱、恶、欲）、八旗（正黄旗、正白旗、正红旗、正蓝旗、镶黄旗、镶白旗、镶红旗、镶蓝旗）。

2. 数词＋量词＋名词：两个文明（社会主义精神文明和社会主义物质文明）；四项基本原则（坚持社会主义道路，坚持人民民主专政，坚持中国共产党的领导，坚持马列主义、毛泽东思想）；两个一百年（中国共产党成立100年和中华人民共和国成立100年）。

3. 数词＋谓词（前面可加量词性成分）：五讲（讲文明、讲礼貌、讲卫生、讲秩序、讲道德）；四美（心灵美、语言美、行为美、环境美）；三热爱（热爱祖国、热爱社会主义、热爱中国共产党）；三个代表（始终代表中国先进生产力的发展要求，始终代表中国先进文化的前进方向，始终代表中国最广大人民的根本利益）。

4. 数词＋表项词（表义上与数字无关的其他共有成分）：两高（最

高人民法院、最高人民检察院）；两湖（湖南、湖北）①；三秋（秋收、秋耕、秋种）②。

  5. 数词＋量词＋表项词：五个一（一部好的戏剧作品、一部好的电视剧作品、一部好的电影作品、一部好的图书、一部好的理论文章）。

  俞理明先生（2005）认为：数量指代和缩略是有一定联系但彼此区别的两种语言现象。从形式上看，数量指代并非和缩略一样是在复杂形式的基础上缩减出简单形式，其中的数字、量词或附加成分都不来自原形式，是为了总结数量或满足节律的一种添加；从表意上看，数量指代是一种语义概括和专指，而缩略在语义上没有这种变化；从结构上看，数量指代是可以分析的，而缩略后的词往往难以分析，具有非理性。只有在"数词＋表项词"的数量指代中，表项词的选择不顾及结构和语义关系，符合缩略的一些特征。

第四节　数字待嵌格式

一、数字待嵌格式的性质

  "格式"在语言学上也被看作一种语言结构。这种结构中，大部分位置的成分不可变化，个别位置的成分可以被其他同类成分替换。在词语的构造中，"格式"类似于一种以某些固定成分为标志的模板，在形式上具有固定性，在语用上具有类推性。早在20世纪50年代，陆志韦在讨论汉语的并立四字格和汉语的构词法时就涉及"格式"问题。当时他主要采用"扩展法"来讨论"千×万×""东×西×""有×无×"

---

  ① "两湖"也可指代洞庭湖和鄱阳湖，但这样的话"两湖"就属于"数字＋名词"的类别，"湖"不是一个表项词。

  ② "三秋"也可指孟秋、仲秋、季秋，此时"秋"为名词，也不属于表项词。

"连×带×"等格式是词还是词组的问题。① 70 年代，陈望道在《修辞学发凡》一书中阐述了"镶嵌"辞格，指有时为了把话说得舒缓或郑重些，故意用"镶字"（几个无关紧要的字，以虚字和数字为最常见）来拖长紧要的字，是一种延音加力的辞格。80 年代，吕叔湘在《现代汉语八百词》中收录了如"半…半…""不…不…""大…大…""非…非…"等 14 个常用格式。马国凡在《四字格论》中较详细地论述了汉语"四字格"的形成机制、组成类型、外部形式及其内涵。90 年代，冯胜利在《汉语的韵律、词法与句法》中从韵律构词学的角度探讨了汉语的"四字格与复合韵律词"，把"七上八下""横七竖八"等称为"音缀四字格"，认为其中的"上""下""七""八"具有某种"音缀"或"填充"的性质。

"待嵌格式"这一术语最早由周荐提出。待嵌格式是两字交替显现、两字（个别的为多字）交替隐含而需人们在使用中将隐含的字填补进去以成就一个新的词汇单位的准四字格式。② 我们在此术语的基础上，把两数字交替显现的此类格式叫作"数字待嵌格式"。

数字待嵌格式为汉语所特有，具有民族性。西方词汇大都是多音节的，嵌入这种格式可能会缺乏音韵上的美感，而汉语一个汉字对应一个音节，生成的四字格整齐、简洁，具有音韵美。这种结构符合中国人讲究和谐对称、辞约义丰的民族文化心理。数字待嵌格式是一种约定俗成的结构框架，具有固定性：每个格式都有固定的两个数字作为其标志，两个数字的语序是固定的，不能随意变动；每个格式嵌入的内容在词性和语义也是有约定的；每个格式有其固定的抽象概括义。总之，每个数字待嵌格式都是一个固定形式与一个或多个固定意义的配对。数字待嵌格式是构造新的语言单位的备用材料，具有比较高的能产性：人们可以根据表情达意的需要把特定的成分嵌入结构中，好比用不同的建筑材料去装饰一间间相同户型的房屋。数字待嵌格式是一种词汇构架，具有词

---

① 参见《汉语的并立四字格》，《语言研究》1956 年第 1 期；《构词学的对象和手续》，《中国语文》1956 年第 12 期；《汉语的构语法》，科学出版社，1957 年。

② 周荐：《〈现代汉语词典〉中的待嵌格式》，《中国语文》2001 年第 6 期。

汇性：汉语带嵌格式有词汇性和非词汇性之分，非词汇性带嵌格式如"因为…所以…""不但…而且…""既是…也…"其嵌入内容可以是词，也可以是自由短语或句子，而数字待嵌格式只能嵌入词，且可以产生新的词汇单位。

二、数字待嵌格式产生的语言单位

由数字待嵌格式生成的词语多为四字格。四字格是汉语成语的典型形式，但由数字待嵌格式生成的四字格不全是成语，还有一部分是"类固定短语"①。成语属于固定短语，而类固定短语是介于自由短语与固定短语之间的语言单位，多在口语中出现，有一定的定型性，但还不够强。

从语言动态发展的角度来看，待嵌格式生成的四字格最初都应是类固定短语，如果其待嵌部分和嵌入部分的搭配逐渐趋于固定，意义整体凝固，使用频率不断增加，就有可能经历词汇化的过程，即从句法层面的自由组合发展演变成为固定的词汇单位。有研究证明，待嵌格式的固化程度与其生成的四字格的词汇化程度是密不可分的。孟祥英在《汉语待嵌格式研究综述》中认为待嵌格式的固化程度会促进四字格的词汇化，而四字格词汇化后成为成语的数量增多，反过来又会进一步推进待嵌格式的固化。

数字一前一后对举排列的四字格词语并非全都由数字待嵌格式产生。有的数字在四字格中有具体的指代意义，如"三皇五帝"实际是"三皇"（燧人、伏羲、神农）和"五帝"（按《史记·五帝本纪》记载为黄帝、颛顼、帝喾、尧、舜）的合称，是数字指代并列而成的结构。又如用以比喻记述准确或为学缜密有序的"五石六鹢"，其中的"五石"和"六鹢"来自史料的记载②，并不是利用"五…六…"类推所造。类

---

① 见周荐：《论四字语和三字语》，《语文研究》1997年第4期。
② 见《公羊传·僖公十六年》："霣石于宋五。是月，六鹢退飞过宋都。曷为先言霣而后言石？霣石记闻，闻其磌然，视之则石，察之则五……曷为先言六而后言鹢？六鹢退飞，记见也，视之则六，察之则鹢，徐而察之则退飞。"

似的四字格可能是某些待嵌格式产生的基础，但不应属于由数字待嵌格式生成的语言单位。

三、数字待嵌格式的类别

能够嵌入数字待嵌格式的"字"一般多为具有实际意义的名词、动词或形容词。两个"字"或是一个并列式复合词的分解形式，或是具有相同、相近、相反或相对意义的实词。我们从数字相同与否以及数字的所处位置两个因素对数字待嵌格式进行分类，如表1-1、表1-2所示。①

表1-1　相同数字格式

数字	格式
半…半… （两个"半"后面分别所接的词或词素意义相反）	半嗔半喜、半工半读、半饥半饱、半间半界、半惊半喜、半梦半醒、半明半暗、半青半黄、半晴半阴、半上半下、半生半熟、半丝半缕、半死半生、半推半就、半吞半吐、半吞半咽、半文半白、半喜半忧、半新半旧、半信半疑、半阴半阳、半遮半露、半遮半掩、半真半假

---

① 图表中的四字格形式均选自梅萌主编《汉语成语大全（第3版）》（商务印书馆，2017年）。

续表1-1

数字	格式	
一…一…	一+名词₁+一+名词₂（名词₁和名词₂同类）	一班一辈、一草一木、一点一滴、一分一秒、一分一毫、一厘一毫、一模一样、一丘一壑、一生一世、一手一足、一式一样、一丝一毫、一心一德、一心一意、一心一腹、一言一行、一朝一夕、一针一线、一砖一瓦、一字一句
	一+名词₁+一+名词₂（名词₁和名词₂不同类）	相对：一龙一猪、一薰一莸 相关：一鞍一马、一板一眼、一本一利、一字一板、一字一泪、一字一珠
	一+动词₁+一+动词₂（动词₁和动词₂同类）	一重一掩、一打一拉、一举一动、一瘸一拐、一歪一扭、一颦一笑、一还一报、一吟一咏、一迎一合
	一+动词₁+一+动词₂（动词₁和动词₂相对）	一唱一和、一酬一酢、一来一往、一问一答、一起一落、一张一弛、一坐一起
	一+方位词₁+一+方位词₂（方位词₁和方位词₂相反）	一东一西、一上一下
	一+形容词₁+一+形容词₂（形容词₁和形容词₂相反）	一悲一喜、一长一短、一晦一明
十…十…	十荡十决、十全十美、十战十胜	
百…百…	百发百中、百举百捷、百举百全、百伶百俐、百灵百验、百能百巧、百能百俐、百下百着、百下百全、百依百从、百依百顺、百依百随、百战百殆、百战百胜、百中百发	

第一章 数字词语的结构

表1-2 不同数字格式

数字₁	格式	
	数字₁＋X＋数字₂＋Y (X、Y相同用"*"标出)	X＋数字₁＋Y＋数字₂ (X、Y相同用"*"标出)
一/幺	一X半Y：一官半职、一鳞半爪、一男半女、一年半载、一时半会儿、一时半刻、一丝半缕、一星半点、一言半语、一肢半节、一知半解 一X两Y：一别两宽、一差两误、一当两便、一刀两断、一得两便、一举两得 一X二Y：一心二用、一石二鸟、一来二去、一长二短、一差二错、一干二净、一好二歹、一齐二整、一清二白、一清二楚、一穷二白、一灾二病 一X三Y：一波三折、一步三跳 一X九Y：一岁九迁、一生九死、一夕九徙 一X十Y：一本十利、一目十行、一馈十起 一X百Y：一错百错*、一狠百狠*、一了百了*、一通百通*、一唱百和、一吠百声、一呼百诺、一呼百应、一树百获 一X千Y：一诺千金、一发千钧、一饭千金、一毫千里、一了千明、一闻千悟、一夕千念、一泻千里、一掷千金、一字千钧、一字千秋 一X万Y：一碧万顷、一本万利、一举万里、一日万机	X一Y二：的一确二、独一无二、划一不二、说一不二、头一无二、闻一知二、有一无二 X一Y十：得一望十、以一当十、用一当十、闻一知十、问一答十、指一说十 X一Y百：惩一戒百、罚一劝百、歼一警百、教一识百、举一废百、杀一儆百、杀一利百、赏一劝百、绳一戒百、以一奉百、以一警百、以一儆百、诛一警百 X一Y万：屈一伸万、以一持万、以一驭万、以一知万 X幺Y六：挑幺挑六*、呼幺喝六
二/两	二X三Y：二满三平、二意三心、二心三意 两X三Y：两般三样、两道三科、两次三番、两面三刀、两头三面、两样三般、两意三心	X二Y三：接二连三、隔二偏三、破二作三

45

续表1-2

数字₁	格式	
	数字₁+X+数字₂+Y (X、Y相同用"＊"标出)	X+数字₁+Y+数字₂ (X、Y相同用"＊"标出)
三	**三X二Y**：三冬二夏、三好二怯、三平二满、三拳二脚、三头二面、三心二意 **三X两Y**：三般两样、三步两脚、三差两错、三长两短、三好两歹、三好两恶、三好两歉、三饥两饱、三脚两步、三男两女、三年两头、三婆两嫂、三拳两脚、三日两头、三天两头、三头两面、三头两日、三头两绪、三心两意、三言两句、三言两语 **三X四Y**：三病四痛、三番四复、三老四少、三邻四舍、三朋四友、三妻四妾、三清四白、三求四告 **三X五Y**：三差五错、三番五次、三环五扣、三回五次、三荤五厌、三令五申、三年五载、三申五令、三汤五割、三推五问、三言五语、三喻五复、三朝五日、三智五猜 **三X六Y**：三对六面、三街六市、三街六巷、三媒六证、三亲六故、三亲六眷、三头六面、三头六证、三推六问、三灾六难 **三X九Y**：三回九转、三条九陌、三贞九烈	**X三Y四**：捱三顶四、巴三览四、半三不四、不三不四、差三错四、察三访四、传三过四、重三叠四、低三下四、颠三倒四、丢三落四、东三西四、横三竖四、接三连四、拉三扯四、唠三叨四、连三接四、忙三跌四、偏三向四、欺三瞒四、求三拜四、说三道四、挑三拣四、条三窝四、推三阻四、言三语四、朝三暮四、遮三瞒四 **X三Y五**：捱三顶五、猜三划五、攒三聚五、隔三差五、连三跨五、连三接五
四	**四X五Y**：四分五裂、四纷五落、四分五剖 **四X八Y**：四冲八达、四方八面、四荒八极、四邻八舍、四路八方、四面八方、四平八稳、四亭八当、四衢八街、四通八达	**X四Y三**：倒四颠三、语四言三、朝四暮三
五	**五X三Y**：五迷三道、五申三令 **五X四Y**：五零四散、五湖四海、五洲四海 **五X六Y**：五冬六夏、五合六聚、五马六猴、五抢六夺、五亲六眷、五心六意、五虚六耗、五颜六色	**X五Y六**：遮五盖六、吆五喝六、人五人六＊

第一章　数字词语的结构

续表1-2

数字₁	格式	
	数字₁＋X＋数字₂＋Y (X、Y相同用"*"标出)	X＋数字₁＋Y＋数字₂ (X、Y相同用"*"标出)
七	**七X八Y**：七病八倒、七病八疾、七病八痛、七残八败、七长八短、七穿八补、七穿八洞、七穿八烂、七疮八孔、七搭八扯、七搭八搭、七大八小、七担八挪、七颠八倒、七断八续、七高八低、七拱八翘、七股八杂、七横八竖、七慌八乱、七荤八素、七脚八手、七开八得、七口八嘴、七拉八扯、七捞八攘、七棱八瓣、七了八当、七零八碎、七零八落、七满八平、七扭八歪、七拼八凑、七破八补、七青八黄、七上八落、七上八下、七舌八嘴、七手八脚、七损八益、七损八伤、七停八当、七推八阻、七通八达、七弯八拐、七歪八扭、七窝八代、七言八语、七张八嘴、七折八扣、七足八手、七嘴八舌、七嘴八张、七子八婿、七纵八横	**X七Y八**：横七竖八、夹七带八、零七碎八、歪七扭八、乱七糟八、嘎七马八（方言）
八	**八X九Y**：八病九痛、八街九陌、八花九裂	
九	**九X一Y**：九鼎一丝、九牛一毛、九牛一毫、九死一生 **九X八Y**：九江八河、九行八业 **九X十Y**：九变十化、九故十亲	
十	**十X五Y**：十变五化、十光五色、十浆五馈、十色五光 **十X九Y**：十拿九稳、十拿九准、十米九糠、十室九空、十病九痛、十亲九眷、十羊九牧	**X十Y九**：举十知九、言十妄九
百	**百X一Y**：百密一疏、百死一生 **百X千Y**：百锻千炼、百怪千奇、百计千谋、百计千方、百卉千葩、百孔千疮、百媚千娇、百谋千计、百品千条、百顺千随、百岁千秋、百拙千丑、百紫千红、百纵千随	**X百Y一**：劝百讽一、瑜百瑕一

47

续表1—2

数字₁	格式	
	数字₁＋X＋数字₂＋Y (X、Y相同用"＊"标出)	X＋数字₁＋Y＋数字₂ (X、Y相同用"＊"标出)
千	千 X 一 Y：千部一腔、千古一律、千古一时、千古一辙、千金一壶、千金一诺、千金一刻、千金一笑、千金一掷、千钧一发、千虑一得、千虑一失、千年一律、千篇一律、千人一面、千人一律、千岁一时、千载一逢、千载一合、千载一会、千载一日、千载一圣、千载一时、千载一弹、千载一遇 千 X 百 Y：千补百衲、千疮百孔、千疮百痍、千锤百炼、千筹百计、千方百计、千峰百嶂、千呼万唤、千回百折、千回百转、千娇百媚、千娇百态、千了百当、千了百了、千伶百俐、千媚百媚＊、千磨百折、千奇百怪、千思百计、千随百顺、千辛百苦、千依百顺、千灾百难、千姿百态 千 X 万 Y：千变万化、千兵万马、千仓万库、千仓万箱、千差万别、千差万错、千仇万恨、千村万落、千刀万剁、千刀万剐、千叮万嘱、千恩万谢、千沟万壑、千欢万喜、千回万转、千汇万状、千红万绿、千红万紫、千方万计、千家万户、千娇万态、千军万马、千了万当、千门万户、千年万代、千年万载、千秋万代、千秋万古、千秋万世、千秋万岁、千山万水、千山万壑、千生万劫、千生万死、千乘万骑、千水万山、千思万想、千丝万缕、千态万状、千条万端、千条万缕、千条万绪、千头万绪、千妥万当、千辛万苦、千形万态、千形万状、千言万说、千言万语、千言万谷、千岩万壑、千依万顺、千语万言、千真万确、千状万端、千状万态、千姿万态	X 千 Y 万：成千上百、成千上万、成千论万、成千累万、说千道万
万	万 X 一 Y：万代一时、万口一词、万世一时、万死一生、万无一失、万众一心 万 X 千 Y：万别千差、万代千秋、万剐千刀、万壑千岩、万恨千愁、万马千军、万古千秋、万水千山、万岁千秋、万辛千苦、万绪千端、万绪千头、万绪千丝、万语千言、万载千秋、万紫千红	

48

第二章
数字词语的意义

第二章 数字词语的意义

词义问题向来是语言学研究的难点，不同学者对词义有着不同的观点。一般认为词义由词汇意义和语法意义共同构成，其中词汇意义是词义研究的重点，其主体部分为词的概念意义，也叫作理性意义。同时词汇意义还包括一些附加意义，如感情色彩、语体色彩等，色彩义附属于理性意义。理性意义是词义的中心，它同词所表达的概念有关；而色彩义旨在传达人或语境所赋予的特定感受。一些学者将色彩义单独列出，与词汇意义、语法意义并列，如葛本仪。另外，从词的派生关系角度来看，可以将词义分为本义、引申义和修辞义；而从现实功用角度，词义则可分为基本义、常用义和语素义。

20世纪70年代中期，英国语言学家利奇从语义和人类交际关系的角度出发将语言意义分为理性意义、联想意义和主题意义三类，其中联想意义包括反映意义、搭配意义、情感意义、社会意义和内涵意义五种意义。理性意义是语言交际的核心因素，是一切意义的基础，联想意义是以经验的相互关系为基础的附加意义，内涵意义是纯理性意义之外的具有交际价值的意义。联想意义也被认为是一种社会文化意义，即词语所承载的民族文化语义。近几十年来，我国学者不断加强词义人文性研究，对词义的划分更加细致和深入。曹炜指出，现代汉语除了理性义和结构义以外，还包括色彩义、文化义和联想义。[①] 刘叔新将词义分为理性意义和感性意义两类，认为理性意义是词语的核心意义，感性意义则处于从属地位，它并非词语的独立意义主体，需要附着在词语的理性意义之上。[②] 许威汉将词的意义划分为概念意义、联想意义和社会意义，并对这几种意义之间的内在关系进行了区分，指出概念意义是静态的固定性意义，而联想意义、社会意义则是呈现动态的宽泛性意义。[③] 学者们结合词语的交际功能和社会价值体系对语义进行了宏观、动态的探讨，尽管所使用的术语有所不同，但有一个认识基本保持一致，即词义是理性意义和附加色彩的总和。

---

① 曹炜：《现代汉语词汇学》，学林出版社，2001年。
② 刘叔新：《汉语描写语言学》，商务印书馆，2005年。
③ 许威汉：《汉语词汇学导论》，北京大学出版社，2008年。

数字词作为汉语词汇系统的组成部分之一，其意义也体现出理性意义和附加色彩的交织。理性意义是词义的核心，附加色彩建立在理性义的基础上，是语言表情达意的重要手段，大大提高了词义的丰富性。仅仅了解词汇的理性意义而不去探究其所负载的色彩意义，无法真正掌握该词语的全部意义。因此，我们将数字词语的词义分为两大类：概念意义和语法意义[①]，其中概念意义包括理性义和附加义。

第一节　数字词语的理性义

伍谦光认为，理性义是"在语言交际（包括口头和书面的交际）中所表达出来的词语的基本意义，这种意义被收录在词典里，不和世界上的客观事物和现象发生直接的联系，对概念意义的理解不会因人而异"[②]。理性义是人们对事物进行抽象概括后得出的基本意义，它是词义的基本部分，在词义中处于核心地位。如数词"一"的理性义，汉语的解释为"最小的正整数"（《现代汉语词典》），英语的解释为"the smallest whole number or a numeral representing this number"（《牛津英语词典》）。在汉英两种语言中，人们对数词"一"的理性认识基本相同。词的理性义带有客观性，因此，在多数情况下，人们会直接将词的理性义称为词义。

从意义上看，数字词可以分为单义数字词和复合义数字词，单义数字词指的是从意义的角度来看不能再细分出更多构件的数字词，它们的词义是单一的，如"一""五""三十二""六十四""二点五""三点六"等，它们的词义就是它们所代表的数目或次序，这种数词的数量是无限的，因此在本章中我们不对单义数词作专门讨论，而将研究重点放在意义复杂的数字词上。

在汉语中，有许多熟语都包含有数字，如"雄鸡一唱天下白""一

---

① 由于篇幅限制，本章不讨论数字词的语法意义，重点探讨概念意义。
② 伍谦光：《语义学导论》，湖南教育出版社，1988年，第134页。

人做事一人当""一代不如一代"等,这些熟语到底是词还是短语尚有可商榷的空间,为了避免争议,在本章中我们将复合义数字词的范围划定为单音节到四音节的、包含汉语数字的词语①,由于单音节的数字词只能是数词(如"一""二""九"),所以复合义数字词的实际音节范围是双音节、三音节、四音节。为了方便行文,下文中我们将所述的双音节、三音节、四音节的复合义数字词直接称为数字词。

数字词的理性义指的是数字词所表示的概念,这些概念有的是现实中确切存在的事物,有的则是表示时间、程度等比较虚的概念。表示不同虚实概念的数字词所凸显的词义特点不一样,总的来说,可以分为词义模糊性和词义精确性两类。

一、数字词语意义的模糊性

语言具有模糊性是学界公认的,在词义方面表现为词义的界限有不确定性,词所指的事物边界不清。数字是语言词汇系统中一种用来表示数目和次序概念的计算符号,语义界限明确,表义精准。由数字组合成的数字词却受到人类思维模糊性和语言表达得体性的影响而常常出现词义模糊的情况,这正反映了语言模糊性的特点。

在汉语中,数字词表义模糊现象非常普遍,它们常常只表示一种模糊的、不确定的意义,所指没有明确、清晰的界限,主要有三种类型。

(一)数字词虚化后表模糊义

数字词虚化在古代已有用例,如"千里之行,始于足下"中的"千里"指的并不是一千里,而是表示一个没有确定长度的、非常远的距离。这种虚化后表模糊义的情况广泛存在在数字词中,而且用例颇多。

1. 十分

这个词由数字"十"和"分"组成,《汉语大词典》"十分"条列有

---

① 本章仅讨论传统的、由汉字数字与其他汉字组成的数字词,不涉及新出现的阿拉伯数字与汉字组合的"数字新词语"。

五个义项,分别是:①按十等分划分;②犹十成;③充分,十足;④副词,犹全部;⑤副词,非常,极,很,表示程度高。《汉语大词典》的释义总括古今,非常全面。在现代汉语中,"十分"的常用义只有一个,即《现代汉语词典》对"十分"的释义——"很"。"十分"是一个副词,语义与"很"相似,表示程度高,但是对于"十分"表示多高的程度,是没有一个明确的规定的。现代汉语对"十分"的运用充分表明了"十分"词义的模糊性[①]:

(1) 一个家长个人的遗嘱只具有十分有限的法律效力。例如无论凭什么理由,父亲都不能剥夺亲生儿子的继承权。(CCL 语料库)

(2) 列宁曾十分明确地指出:马克思"发现唯物主义历史观,或更确切地说,彻底发挥唯物主义……这些条件的变更"。(CCL 语料库)

(3) 尽管在科学技术高度发展的今天,企业的技术装备、资金和信息等要素具有十分重要的地位,但根本上仍取决于人的因素。企业对人的管理工作内容十分丰富。(CCL 语料库)

2. 四周

《汉语大词典》和《现代汉语词典》对"四周"的解释相同,都只有一个义项,即"周围",但是并没有具体规定多少公里范围以内是周围,超出哪个距离不叫周围。在实际用例中,随着语境的变化,"四周"的词义延展度极高,有可能仅仅只指代距离几厘米、几米或者几百米的地方,也可能指的是几千公里、几万公里的距离。

(4) 唇部是牵动频繁的地方,四周极容易显出老态。(《养生与健美方法 100 例》)

(5) 说是平房,其实是一个用石棉板把四周挡起来的小棚子,没有暖气,没有桌椅板凳,仅有一张窄窄的小床,并且屋角还有一个水池子,里面的潮湿便可想而知了。(《中国北漂艺

[①] 本章所有语料均引自北京大学 CCL 语料库和北京语言大学 BCC 语料库,有出处尽量标明出处,部分网络语料没有出处则不标明。

人生存实录》）

（6）而夏季则受副热带高压控制，气流由陆地散向四周，很难成云致雨，形成了气候炎热、干燥的特点。全年的降水量一般为 375—625 毫米，夏季的降水量只占全年的 10% 左右。（《中国儿童百科全书》）

3. 一点儿

"一点儿"是数量词，在《现代汉语词典》中收录了两个义项：①表示不定的较少的数量；②表示很小或很少。《现代汉语词典》对"一点儿"的释义用了许多表义模糊的词，如"很""较少""不定"等，不难看出"一点儿"也是一个表示模糊义的数字词，可以确定的是，"一点儿"表示较少甚至极少的数量：

（7）齐堆用两个手指头一摊，笑着说，"最重要的，也就是那么<u>一点儿</u>！"（魏巍《东方》）

（8）范小姐谢他，说没有扭筋——扭了<u>一点儿</u>——可是没有关系，就会好的——不过走路不能快，请刘小姐不必等。（钱锺书《围城》）

（9）再过去<u>一点儿</u>——是一堆胡乱堆集的残肢和军大衣碎片以及一条扭在原本是长头的地方的压烂了的腿。（米哈依尔·肖洛霍夫《静静的顿河》）

4. 一辈子、一生

《现代汉语词典》对"一生"的解释是"从生到死的全部时间"，对"一辈子"的解释是"一生"。"一辈子"和"一生"可以算作同义词，它们的表义都具有模糊性。现代汉语中的"一生""一辈子"的时间是不一样的，没有人明确定义过从什么时候到什么时候算一生，"生"是从出生那刻算起还是胎儿时期算起呢？再者，每个人的生命长短不同，眉寿九十者有，幼年夭折者也有，对于不同的个体来讲，"死"也无法统一时间。"一辈子""一生"看似有一个明确的时间范围，实际上两端的界限都是模糊不清的。

（10）什么宏图大志，什么事业理想，狗屁，那是年轻时候的事，大家都这么混，不也活了<u>一辈子</u>？（刘震云《一地鸡毛》）

· 55 ·

(11) 要是我说"两、三天",那我就显得太没耐心了。要是我说"一辈子",她就会想,我并不是真心爱她,或者说,我不够诚实。(乔斯坦·贾德《橘子少女》)

(12) 婆婆,你说的这些话,我认了。但是修了一双好爹娘,可管不了我这一生!(张恨水《北雁南飞》)

(13) 他一生没有呕吐过几回。一生,一生该是多久呀?我这是一生了么?没有关系,这是个很普通的口头语。(汪曾祺《复仇》)

(二) 数量过大造成的词义模糊

数字词中所包含的数字如果过大,会造成词义模糊,由"百""千""万"等数字构成的数字词词义往往带有模糊性。

1. 百倍

仅从字面来看,"百倍"的词义是"一百倍",然而由于数量过大,实际不能判断是否为真的"百倍","百倍"的词义便模糊成了"倍数极高"。这是词语本身过大而造成的夸张,与修辞的夸张不同。"百倍"直接在句中出现就能表示夸张:

(14) 往往穷家女子小脚被众人看中,身价就一下提上去百倍。(冯骥才《三寸金莲》)

(15) 匈当然看不上一个跛子,那个大学生要强上百倍。可谁知人家怎么看匈。(毕淑敏《紫花布幔》)

(16) 这个人早年读过几本书,虽说只是个半瓶子醋,可拉出那架势来,比那唐伯虎、纪晓岚还要风雅百倍。(格非《江南三部曲》)

(三) 特定数字词表模糊义

在现代汉语中,有一些数字词常常用来表模糊义,最典型的就是"半"和"两"。"半""两"等数字词的词义常常是虚化的,并不严格表示二分之一或者数量二,这种情况在口语中尤为突出。由"半"或者"两"组成的数字词的词义大多带有模糊性。

1. 半天

"半天"在《汉语大词典》中有四个义项,分别是:①半边天;

②半空中；③白天的一半；④好久，相当长的一段时间。而《现代汉语词典》只收录了两个义项：①白天的一半；②指相当长的一段时间；好长时间（多就说话者的感觉而言）。在现代汉语中，"半天"的常用义只有《现代汉语词典》收录的两个，且以义项②为主。不论是"白天的一半"还是"相当长的一段时间"都不是有明确清晰界限的义项。

（17）谭丽对我形容了半天"五粮液"的长相："瓜子脸，眼睛挺大，有个酒窝，牙齿不好老戴着矫齿器，总爱穿一身白，大概是逆反心理。"（王朔《玩的就是心跳》）

（18）"这以前和女孩困觉是什么时候？"她问。我打开记忆之箱的封盖，在里面窸窸窣窣摸索了半天。"两周前吧，大约。"（村上春树《世界尽头与冷酷仙境》）

（19）在给他选择个职业的时候，外婆很费了一番思索；结果是给他买了一架旧留声机和一两打旧唱片子，教他到后半天出去转一转街。（老舍《四世同堂》）

2. 半夜

《汉语大词典》"半夜"有两个义项：①一夜的一半；②夜里十二点左右，也泛指深夜。《现代汉语词典》释义与《汉语大词典》基本相同，不过标出了词性，义项①为数量词，义项②为时间词。不论是作为数量词还是时间词，"半夜"的词义都十分模糊。尽管义项①给出了一个看似具体的时间长度"一夜的一半"，但是在实际生活中我们所说的"前半夜""后半夜""上半夜""下半夜"往往不会严格按照午夜十二点来区分，而表示"深夜"的时间词，更没有固定时间，午夜十二点前后到黎明之前的这段时间都可以称为"半夜"。相关用例在现代汉语中数不胜数：

（20）此时是半夜11时59分。作为我们视点的摄像机观察完细部之后马上后撤，重新扫视房间整体，接着拿不定主意似的将这广角视野保持了好一会儿。（村上春树《天黑以后》）

（21）老波瑞纳的房间也静悄悄充满睡意，只有蟋蟀在炉子上叽——叽——叽。大约半夜1点到4点之间吧（起得

最早的公鸡已经叫过了），老波瑞纳开始挪动，当时月光由窗子照进来，冰凉的银光一股股射在他脸上。（莱蒙特《农民们》）

（22）上半夜是这么短暂。两点、三点、四点、五点他走进另一个房间，准备躺在一张床上，可是有人在床上一跃而起，叫道："这床是我的！"（伏尼契《牛虻》）

（23）前半夜过去了，一切正常。到了后半夜，掌柜的又疲又倦，正要去睡的时候，听到了一阵细微的声响，好像一只猫儿在走路。（莫言《酒国》）

3. 两下子

"两"本身是一个确定的数值，等于"二"，但是在实际语言应用中，"两"常常表示不确定的数值，没有明确的上限和下限，约等于"几"。如果根据字面来解释"两下子"，那么这个词的词义应该是固定的"二下"，但实际上"两下子"是几次的意思。《现代汉语词典》对"两下子"的解释是：①数量词，动作（几次）；②指本领或技能。义项②是由义项①引申而来，已经从数量词发展为纯粹的名词了，词义的模糊性在名词"两下子"上体现得并不明显。

（24）这干脆利落的两下子使他赢得了更大的喝彩声，人们谁也没料到他还有这一手。（司各特《英雄艾文荷》）

（25）反正饿死也是死，还不如饿死以前弹腾两下子哩！我看了，夜里去，车站上人那么多，他们有枪也不敢乱放。（李準《黄河东流去》）

（26）这时，一个人从窄道上跳了出来，黑色小胡子上的眼睛发狂地四下窥探，两下子就跳到火堆旁。（君特·格拉斯《铁皮鼓》）

二、数字词语意义的精确性

词义的精确性指的是词义的界限具有确定性。有些数字词的词义具有精确性，这些具有精确性的数字词往往指代现实中存在的具体事物或

第二章 数字词语的意义

者关系,从词性上来看,具有精确性的数字词一般是名词性的。

1. "二氧化碳"等化学名词

"二氧化碳"是一种无机化合物,化学式为 CO_2,是一种无色无臭的气体,在空气中含量约为 0.04%,是大气中的温室气体之一。"二氧化碳"是一个名物词,指的是大气中的一种气体,"二氧化碳"中的数字"二"来自它的化学分子式,因此"二"在此处必然是精确的。这一类指代名物的数字词的词义都具有精确性,与之类似的化学名词还有一氧化碳、三氧化硫、二氧化锰等。

(27) 一种形态——我们称为植物——靠无机物维持生命,通过利用早期大气中的二氧化碳将这些基本元素变成了食物。(詹姆斯·莱德菲尔德《塞莱斯廷预言》)

(28) 现代有用管道煤气自杀的,而在唐代是用铜皮制做的烧炭的炉子烧出煤气来,再经过水洗冷却,用管道导到口鼻里,保证你吸到纯净的一氧化碳。(王小波《怀疑三部曲》)

(29) 用于制造硫酸的三氧化硫,必须在钒催化剂作用下,才能使二氧化硫经氧化而获得。(《中国儿童百科全书》)

除了这类化学名词外,也有不少生活中常用的数字词具有精确性。

2. 两口子

《现代汉语词典》释义为"指夫妻俩",《汉语大词典》与之相同。"两口子"明确指夫妻两个人,没有别人,词义具有精确性。

(30) 回村时,公路两边我们熟悉的庄稼人也曾粗鲁地喊叫我们是"两口子"。(路遥《你怎么也想不到》)

(31) 你别捣乱啦。咱们没拜过天地,没喝过交杯酒,不算两口子。(许地山《春桃》)

(32) 王纬宇高兴了,两口子三寸不烂之舌,撮合山的任务,总算有个良好的开端。(李国文《冬天里的春天》)

3. 四季

四季,春夏秋冬的总称,每一季为三个月。四季在世界上切实存在,不容模糊,因此"四季"中的"四"是精确的,仅仅指代"四"这个数字。① 从古至今的文献中从没出现过将"四季"模糊化的例证。

（33）春，木王。木胜土，土王四季。四季之禽，牛属季夏，犬属季秋，故未羊可以为春食也。（蔡邕《月令问答》）

（34）缺席的股东们所关心的似乎只是他们按季度拿的股息，这些股息到现在为止一直都像一年有四季一样可以预言，一样可以信赖。（阿瑟·黑利《超载》）

（35）窗外风光如旧，但是四季不同：春花，秋月，夏雨，冬雪，情趣各异，动人则一。（季羡林《晨趣》）

4. 四肢

《现代汉语词典》释为"指人体的两上肢和两下肢，也指某些动物的四条腿"。人和其他一些动物，尤其是哺乳动物的肢体的数量是确定的，也就是四个，因此"四肢"这个词不允许有任何模糊性，哪怕是用在修辞句中。

（36）有人说士兵的盔甲也可说是他的四肢。马略的军队穿了这身配备，还可在五小时内行军五古里。（蒙田《蒙田随笔全集》）

（37）那个时刻，因暂别严寒、晚饭的可待，可使僵冷的四肢、身体和脸颊在妈妈的揉搓下暖和过来，一个大概叫做家的地方可以归去，而变得非常具体。（张洁《无字》）

（38）一些需要尖嘴的动物长了尖嘴，而另一些需要灵活的四肢的动物长了灵活的四肢。（扬·马特尔《少年 Pi 的奇幻漂流》）

第二节　数字词语的附加义

词义由理性义和附加义共同构成，理性义是词义的核心和基础，具

---

① 实际生活中，某些地区可能四季不分明，但这并不影响在人们的认知中"四季"是分明的。

有逻辑因素，反映的是科学概念内涵、范畴及指物特征，具有普遍意义和显性意义。附加义附加在理性义之上，它不能独立存在。词汇承载语言，语言的使用主体是人，因此许多词汇在理性意义之上会附加一些有关人类感情、文化的色彩。作为汉语词汇的一员，数字词也不能例外。本节我们讨论数字词的附加义，包括数字词词义中的感情色彩和文化色彩。感情色彩是指词义中所反映的主体对客观对象的情感倾向、态度、评价等内容。文化色彩受民族文化影响，是词语民族性的体现，离开民族文化背景可能无法被正确解读。词汇承载着民族独特而深厚的文化内涵，是文化的重要载体，同时也继承了民族文化中的价值观，因此词义中的文化色彩和感情色彩实际是无法分清的。本节对数字词的附加义的讨论暂时不严格区分感情色彩与文化色彩，但是对于同时带有文化色彩和感情色彩的数字词在分析时会进行说明。我们将数字词的附加义分为积极附加义和消极附加义两个方向进行讨论。

一、具有积极附加义的数字词

数字词中四音节数字词感情色彩比较鲜明，其中有一些四字词带有积极的附加义。这些四音节数字词的积极附加义有时是由数字本身带来的，有时则是由词语所有组成部分共同构成的。

1. 十全十美

《现代汉语词典》释为"各方面都非常完美，毫无缺陷"，一般用于形容事件或事物是完美无缺的。在这个四音节数字词中，"十"不代表单纯的数字，而是利用了"十"的文化色彩。中国传统文化认为"物极进九"，九是最大的数，而十这个比九还要大的数字则是达到顶点，代表着圆满。"十"在这种文化色彩的加持下另外产生表示完备甚至达到极点的含义。这样，"十"与"全""美"这两个褒义词就共同构成了"十全十美"，其附加义的感情色彩也十分明显是积极的。

(1) 他们觉得一向严厉的父亲，那天对他们额外的温和疼爱。那次出外游历可以说是<u>十全十美</u>。（林语堂《京华烟云》）

(2) 在别人看来，这或许是<u>十全十美</u>的人生，甚至在我自

己眼里有时都显得十全十美。(村上春树《国境以南太阳以西》)

(3) 我颇愿让我们的灵心，像现在一样地不合理下去，这是可爱的。我不愿见到我们在这世界上都变成十全十美合理的人类。(林语堂《世相物语》)

2. 一帆风顺

《汉语大词典》中收录了"一帆风顺"两个义项：①本指帆船一路顺风，亦用为祝人旅途安吉之辞；②比喻境遇顺利或办事容易。《汉语大词典》将本义和引申义区分开来。而《现代汉语词典》只解释了"一帆风顺"的现代常用义，即"形容非常顺利，毫无波折或挫折"。"一"在这个词中单纯表示数目，而词义的积极色彩是由整个词共同组成的，尤其是表示"顺利"的"顺"。

(4) 会后一位同事告诉她，以前总以为她是一帆风顺、养尊处优的旧知识分子，现在才知道她也经历过艰巨的斗争，对她有了更多的理解了。(巴金《随想录》)

(5) 打那以后，我上半辈子可以说就是一帆风顺。(萧乾《我这两辈子》)

(6) 他先对自己的统帅说："革命事业从来不会一帆风顺。我们要与天斗，与地斗，与人斗，才能把农业学大寨搞好。大寨还不是斗出来的吗？"(路遥《平凡的世界》)

3. 万岁

"万岁"的义项颇多，从字面来看，它的词义是"万年，万代"(《汉语大词典》)，而最为大家熟知的词义是封建时代对皇帝的称呼。除此之外，"万岁"还有祝祷之意，表示千秋万世、永远存在(《现代汉语词典》)，在现代汉语中，"万岁"多使用此义表示祝愿。在祈求长寿、重视时间的中国传统文化中，"万岁"作为一个表示时间久长的词语，自然被社会文化赋予了积极的色彩。明代之前，"万岁"经常作为祝颂之语出现，表示非常赞赏，感情色彩十分浓重，如苏轼《九马图赞》：

"牧者万岁，绘者惟霸，甫为作诵，伟哉九马。"① 明代之后，"万岁"成为皇帝的专称，意在祝愿皇帝健康长寿，统治不绝。到了现代，"万岁"不再具有阶级性，但是在长期的封建社会中所感染的文化色彩和感情色彩不能被轻易抹去。在现代汉语书面语的使用中，我们不难发现，"万岁"仍带有庄重性：

（7）老郝也领着工人们喊："中国人民志愿军<u>万岁</u>！""抗美援朝胜利<u>万岁</u>！"（魏巍《东方》）

（8）老洪泰岳，国家一级演员，像电影中的伟大人物一样，把他的一只胳膊举起来，高呼着："人民公社<u>万岁</u>！"（莫言《生死疲劳》）

"万岁"在口语运用中则自由得多，人们可以用"万岁"来抒发情感，称赞自己所喜爱的人或事物，"万岁"变成了一个纯粹抒发激动、欣喜等正面感情的词语：

（9）米兰抢分最好的机会期待明早的战果～米兰<u>万岁</u>！（来自微博）

（10）这是份比什么都要好的礼物！！！师兄<u>万岁</u>！！！（来自微博）

（11）哈哈哈！《生活大爆炸》<u>万岁</u>！！！是单身的都来看《生活大爆炸》，让那些成双成对的去看什么《失恋×××》好了。（来自微博）

4. 百花齐放

百花齐放的基本义是千百种鲜花一齐开放，争奇斗艳，形容繁荣的景象，经常用它比喻不同形式和风格的各种艺术作品自由发展，在这个比喻义上，它与"百家争鸣"相近。从字面上来看，"百花齐放"即为千百种花同时盛开，景象必然盛大繁茂，令人心旷神怡，后来又经常用"百花齐放"比喻艺术作品自由发展。不论是本义还是比喻义，"百花齐放"都带有正面的感情色彩，在语言应用中，也总是体现出积极的附加义：

---

① 见苏轼：《苏东坡全集25》，大东书局，1937年。

(12) 清朝一代，则将山水画发挥到极致，风格倾向写意，虽寄托自然景观之写实，然而重在体现自我之心境，故而流派纷起、大师并出，大有百花齐放之势。(李叔同《弘一法师全集》)

(13) 殷山脚下原来有一座古老的小城，叫做"思琳城"。它就是古代各种文人学士汇聚之城，在当年被称为"百花齐放之城"。(张炜《你在高原》)

(14) 他们的时代不同，经历不同，风格不同，各别地都带着有福建人特色的、浓郁的南国风光和归侨情味。读了这些作品，如同进入了一座百花齐放的亚热带花园，万紫千红，目不暇给！(冰心《冰心全集第七卷》)

5. 四平八稳

《现代汉语词典》解释为："形容说话、做事、写文章稳当，有时也指做事只求不出差错，缺乏创新精神。"《汉语大词典》"四平八稳"词条收录了三个义项："①形容位置非常平稳；地位非常稳定。②指人老成持重、言行稳当。③指说话毫无锋芒，含贬义。""四平八稳"本身只有一个理性义，但是由于附加色彩和情感偏向的不同，它的词义向两个相反的方向发生了延伸，其一是表示积极的平稳安定，其二是表示消极的安于现状、不求进取。

当"四平八稳"倾向于表示平稳安定时，其附加义是积极的：

(15) "用不着那么逞能，四平八稳地慢慢来好了！"我咚咚敲着仪表板，大声叮嘱"奔驰"。(村上春树《舞！舞！舞！》)

(16) 两军开战时，双方人马对峙，尚未动手之际，尉迟光可以四平八稳地率队从两军阵中穿过。(井上靖《敦煌》)

(17) 过去的经验认为运动员一年中的高峰期只出现一两次，因而围绕着有限的几次国际国内大赛来安排训练，调整期、恢复期、比赛期周而复始，四平八稳，按部就班。(《人民日报》1996年1月)

二、具有消极附加义的数字词

有积极附加意义的数字词，自然也有消极附加意义的数字词。

1. 四平八稳

在上一小节我们已经论述过"四平八稳"的基本词义以及其两种截然相反的引申义。积极的"四平八稳"我们已经讨论过了，这里我们来讨论消极的"四平八稳"。在动荡乃至战乱的年代，稳定是人们的期望和追求，但是到了和平发展时期，过于安稳则成了一种负担，尤其是当社会提倡勇于创新、锐意进取时，"四平八稳"在这种思想或社会风气的影响下成了不思进取、墨守成规的代名词，于是感情色彩也偏向贬义。除了直白地表示消极意义外，"四平八稳"还常常被用来表达讽刺意义：

（18）我心里就燃起一股要求强烈感情、要求刺激的欲望，对这种平庸刻板、四平八稳、没有生气的生活怒火满腔，心里发狂似地要去打碎什么东西，要去砸商店、砸教堂，甚至把自己打个脸肿鼻青。（赫尔曼·黑塞《荒原狼》）

（19）因此，在高校中，四平八稳、不思进取的有之，不顾声誉、出卖证书的亦不鲜见。对这种现象若不采取措施，随着学校自主权的扩大将会愈演愈烈。（BCC语料库）

（20）因此，为了保险起见，还是写些"四平八稳"的作文吧，千万别被阅卷老师抓住"小辫子"！（BCC语料库）

2. 与"二"相关的数字词

数字词"二"义项颇多，《汉语大词典》列出了十二个义项，分别是："①数词，一加一所得。②序数。第二。③副。与"正"相对。④再次；两次。⑤倍；加倍。⑥并列。⑦两样；不同。⑧谓分成两样。⑨怀疑；不确定。⑩二心；不遵从。⑪哲学用语。我国古代思想家用以指阴、阳或天、地等范畴。⑫古人认为偶数属阴，因以"二"指地数之始，或指卦中的阴爻，或指臣道等。"《现代汉语词典》仅收录"二"的现代义，但也列出了三个义项：①一加一后所得的数目。

②两样。③不专一。不论是重视历时的《汉语大词典》还是聚焦共时的《现代汉语词典》，都对"二"有比较细致的释义，不难看出"二"是一个意义复杂的数字词。"二"除了表示数词外，最重要的意义就是表示次序第二，由排序第二又引申出了"副"的含义。同时，"二"又是繁体字"貳"的类推简化字，因此在现代汉语中继承了"貳"的词义，表示"居次要地位的""辅助""副职，副手"，如"二把手"指的就是"副手"。在社会生活中，人们常常将"二"的常用词义"次序第二"和"次要的"与"第一""主要的"相比较，比较之下就会觉得"二"是不够好的，是屈居人下的，"二"或者"第二"永远是被"一"压了一头的，因此人们常常对"第二"抱有偏见，如"万年老二"便是带有讽刺义的词语。在这种轻视"二"的社会心理的影响下，出现了一系列由"二"构成的、带有消极色彩乃至贬义的词语。

"二流"是指不及一流的、第二等的，如若严格按次序排列，二流本应该是居于前列的，但是在受到崇尚第一的社会文化中，"二流"的词义难免会偏向负面，甚至会带上暗指"低劣"的消极色彩。在许多实际用例中，"二流"除了表示"第二等"以外，还常常表示"劣等的"，含有贬义：

（21）如此景观的出现，无非各种不同的时代产生的各种不同的二流人才同巨额资金相结合的结果。（村上春树《寻羊冒险记》）

（22）我们应该稍稍介绍盖尚其人。这是一位二流人物，正直、勇敢、平庸，好士兵而不算好首领。（维克多·雨果《九三年》）

（23）国民党"亡国"是他家的事，但是率二流、三流、不入流的知识分子以"亡天下"，我却要站出来打，打它个明白。（李敖《快意恩仇录》）

（24）她去演戏，可是没有天才，只好认倒霉到外省去转，在些二流剧团里演配角，挣的钱少得可怜。（毛姆《刀锋》）

"二流子"指游手好闲、不务正业的人，这个词直接来源于"二流"，但词义比"二流"更不堪，消极色彩更浓厚，是个完全的贬义词。在具体的语言使用中。"二流子"几乎等同于"流氓"：

（25）干部里面的李向前，从前就是个"二流子"，但是他现在既然改邪归正了，当上支部书记，自然没有人去翻他的旧账。（张爱玲《赤地之恋》）

（26）年过花甲的私塾先生对我爹说："你家少爷长大了准能当个二流子。"我从小就不可救药，这是我爹的话。（余华《活着》）

（27）孙玉厚扭头看了看儿子，脸色缓和了下来。他并不是心疼那个二流子女婿——只不过这类事总得要他管罢了。（路遥《平凡的世界》）

类似的由"二"组成的带有消极色彩的数字词还有"二愣子""二杆子""二傻子"。这些词中的"愣子""杆子""傻子"虽然本身就含有贬义，但它们都是与"二"组合而不与其他数字词组合的现象足以说明"二"本身带有和这些贬义词相近的消极色彩。

"二杆子""二愣子"表示行为莽撞、不循常规的人，也可以用作形容词，表示某人具有莽撞的性格。"二傻子"形容人蠢笨、不谙事理。这三个词都是用来形容人的贬义词，或者作为某个具有这种性格特征的人的外号使用：

（28）另一位是著名的二愣子，一句话就瞪眼，两句话就打架的李逵一流的人物。（李健吾《希伯先生》）

（29）我从没见过这么硬吹硬侃被戳穿了仍不改弦更张，这非得有点不屈不挠明知山有虎偏向虎山行的二杆子作风。（王朔《玩儿的就是心跳》）

（30）这位单独被邀的驴财神不但宾馆大门儿进不去，就连电梯也晕乎得不敢上，瞧那战战兢兢的窝囊模样儿，紧拽着白三爷的袄袖子，简直成了个离不了娘的二傻子。（冯苓植《落凤坡》）

3. 三番五次

《汉语大词典》释为"屡次，多次"，《现代汉语词典》则解释为

"屡次",两部词典的释义大同小异,几乎没有区别。在一般意义上,数量"多"往往意味着"好",如"多福多寿""多劳多得""多多益善"等都是表示数量堆积多而产生积极结果的词语。但是物极必反,过多也会令人感到不满,从而产生消极的感情色彩,"三番五次"就是这样一个由于次数过多而产生消极色彩的词。在实际的语言运用中,"三番五次"多带有"不耐烦"的隐含意义,表示某个行为重复次数过多引起了某人的反感,或者在叙述中流露出不赞同之意:

(31) 老邱精神很好,不停地管空中小姐要饲料,跟人家开粗鲁的玩笑,遭了白眼也浑然不觉,喝够了水又开始<u>三番五次</u>上厕所,把飞机上的手纸也掖在怀里捎了回来。(王朔《橡皮人》)

(32) 她如此频繁地占用这部电话,干扰团部的工作不说,传出去影响也不太好,便委婉地告诫她:"你<u>三番五次</u>地去团部打电话,你们领导还怎么工作?"(格非《江南三部曲》)

(33) 小马对自己的爱是自己挑逗起来的。如果不是她<u>三番五次</u>地和人家胡闹,小马何至于这样。(毕飞宇《推拿》)

4. 乱七八糟

《现代汉语词典》"乱七八糟"词条的释义为:"形容混乱;乱糟糟的。"《汉语大词典》则释为"混乱貌"。"乱七八糟"来自口语,具体来源已不可考。根据张云徽对"乱七八糟"结构的考察,"乱七八糟"是由两个语素构成的,"乱"为词根语素,可以单独成词,是词汇意义的主要承载者,"七八糟"是三个不同音节构成的词缀语素,主要记录语音,兼表一定的语法意义。[①] 也就是说,"乱七八糟"的词汇意义完全由"乱"表达,理性义和附加义都来自"乱",而"七八糟"主要起衬足音节的作用,数字词"七""八"实际上对整个词的词义没有产生任何影响。

(34) 我却忽然瞧见,马队长在我的枕头边抓起了那个红

[①] 张云徽:《关于"乱七八糟"的语言结构》,《云南民族大学学报(哲学社会科学版)》2010年第5期,第158~160页。

皮日记本！天哪，那个东西怎么敢让他看呢？"马队长，那本本儿记得乱七八糟……""随便翻翻！"（陈忠实《七爷》）

（35）现在，听说美国要向延安派遣军事观察组。人家争气，不像这里乱七八糟、一塌糊涂！（王火《战争和人》）

（36）而这两个硕果，却全是伏园的书箱，由我替他带回上海来的。至于我自己的东西，是全部乱七八糟。（鲁迅《而已集》）

5. 朝三暮四

"朝三暮四"出自《庄子·齐物论》："狙公赋芧，曰：'朝三而暮四。'众狙皆怒。曰：'然则朝四而暮三。'众狙皆悦。"[①]《现代汉语词典》在解释"朝三暮四"时将这一典故翻译成了现代汉语："有个玩猴子的人拿橡实喂猴子，他跟猴子说，早上给每个猴子三个橡子，晚上给四个，所有的猴子听了都急了；后来他又说，早上给四个，晚上给三个，所有的猴子就都高兴了。"出自《庄子·齐物论》的"朝三暮四"原本是揭露只变名目、不变实质以欺人的行为，后人用这个词比喻聪明人善于使用手段，愚笨的人不善于辨别事情。但是在后世的语言使用中，"朝三暮四"与"朝秦暮楚"逐渐混淆，变成了"朝秦暮楚"的近义词，即比喻变化多端或者反复无常，到了在现代汉语中，"朝三暮四"只剩下"形容变化无常"这一个词义了。"朝三暮四"是一个比较特殊的词语，因为它的词义是借来的，在长期的错误使用过程中，它的本义被借义完全覆盖，于是也继承了"朝秦暮楚"所附带的消极感情色彩和负面社会评价。可以说，在现代汉语中，"朝三暮四"的词义与其构成部件和典故来源完全无关。

（37）但爱情是一种朝三暮四、变化无常的情感，它狂热冲动，时高时低，忽热忽冷，把我们系于一发之上。（蒙田《蒙田随笔全集》）

（38）一成不变的作家只会快速奔向坟墓，我们面对的是一个捉摸不定与喜新厌旧的时代，事实让我们看到一个严格遵

[①] 陈鼓应：《庄子今注今译》，商务印书馆，2007年，第76页。

循自己理论写作的作家是多么可怕,而作家源源不断的生命力在于经常的朝三暮四。(余华《河边的错误》)

(39) 王大夫昨晚上的举动太过分了,让小孔太难堪了,当着一屋子的人,就好像她小孔是个<u>朝三暮四</u>的浪荡女了。(毕飞宇《推拿》)

第三节 数字词语个例分析

上述两节对数字词的理性意义与附加意义进行了举例论述,本节拟对"猪头三""瘪三"等数字词语进行具体分析,追溯这些数字词的词义来源、厘清它们的发展路径。

1. 猪头三

《现代汉语词典》并未收录"猪头三"这个词,《汉语大词典》对"猪头三"的解释是:"方言,詈词。'猪头三牲'的歇后语,谓不明事理或不识好歹的人。""猪头三牲"则是指旧时用于祭祀的牛、羊、猪,也泛指祭品。《汉语大词典》对"猪头三"的解释可以分为三段,第一段"方言,詈词"揭示这个词的属性,第二段"'猪头三牲'的歇后语"介绍这个词的来源,第三段"谓不明事理或不识好歹的人"才是真正地解释词义。《汉语大词典》从属性、来源、词义三个方面对"猪头三"进行了全面的释义,但是遗憾的是,这三段解释之间的联系并不清楚,我们从这个释义中不能明白何以"猪头三牲"的歇后语可以用来指不识好歹的人,何以"猪头三"成为一个詈词。要想弄清"猪头三"的具体形成原因,我们需要向前回溯,寻找"猪头三"的源头。

1921年出版的《沪苏方言纪要》收录了"猪头三"一词,解释为:"此为詈骂初至沪者之名称。其源盖出于'猪头三牲'一语,呼为'猪头三'者,歇后语则为一'牲'字,'牲''生'谐声,言初来之人,到处不熟之谓也。"所以,"猪头三"是一个歇后语的前半部分,它真正所表示的意义是歇后语的后半部分"生(牲)",但是由于语言使用中长期只说前半部分,导致"猪头三"这个本不成词的结构凝结成了一个词。

第二章　数字词语的意义

这种词语我们称为隐缺词，隐缺词往往以一个熟悉度高的常用词语为基础，略去这个词语中与自己想要表达的内容有关的形式，用残存的形式来表示略去形式的意义。隐缺词的特点在于，形式上的取舍和意义上的取舍相反，"猪头三"就是一个典型例子。在"猪头三牲"这个完整结构中，表示意义的部分"牲（生）"被舍去了，不表示所取意义的部分"猪头三"保留下来作为新词的形式，尽管"猪头三"在语法结构上是不合理的。

"猪头三"的本意是与"牲"谐声的"生"，最早是上海本地人对初至上海的人的称呼，言其到处不熟，行为处事不合规矩，含有鄙视义，后来词义逐渐扩大，变成了骂人的词，不再局限于称呼初来之人或外地人，贬义更甚。根据徐珂的记录，这种词义变化早在清朝便已经发生，甚至出现了类推词"猪头四"，但"猪头四"根基较浅，未能流传下来：

(1) 猪头三，为骂初至上海者之名词，其源盖出于"猪头三牲"一语，呼为"猪头三"，歇后语则为一"牲"字，"牲""生"谐声，言初来之人，到处不熟之谓也。今引申其义，以为骂人之资，不必尽施之初来之人，殊失"猪头三"之本义。近又有"猪头四"之名词，乃从"猪头三"上孳生而来，已无独立之意义矣。（《清稗类钞·方言类·上海方言》）

民国时期"猪头三"这个上海方言詈词在各类文学作品中频繁出现，逐渐走进大众视野，为人们所熟知：

(2) 照此看来，明明把我诸大少爷，当作猪头三看待了。想到这里，忽听得外面一阵笑声，似乎笑他真是个猪头三。（朱瘦菊《歇浦潮》）

(3) 到旅馆，"说猪头三，猪头三"，不过是想起从前到哈卜君家去喝茶，对那茶碗所起的尊敬为可笑，就说起旅行指南上把"猪头三"翻译为"乡巴佬"的话笑着说着罢了。（沈从文《阿丽思中国游记》）

(4) 我抬起头来一看，我的面前正冲来了一乘无轨电车，车头上站着的那肥胖的机器手，伏出了半身，怒目的大声骂我说："猪头三！侬（你）艾（眼）睛勿散（生）咯！跌杀时，

· 71 ·

叫旺（黄）够（狗）抵侬（你）命噢！"（郁达夫《春风沉醉的晚上》）

"猪头三"作为一个詈词逐渐为人们所熟知，其方言性渐渐减弱，融入了大众口语。近些年，由于不明白"猪头三"的来源，许多人片面地将"猪头三"理解为"猪头"的意思，用"猪头三"形容人长得又丑又胖：

（5）天天下雨！刚刚起床感觉头好重，眼睛肿成猪头三，下午还是投向温暖的床的怀抱！（来自微博）

在当代口语中，"猪头三"虽然仍是骂人的话，但是实际上词义已经发生了改换，这种词义变化是由于误解原词而形成的。当然，这种误解只发生在非上海人当中，对于上海人来说，"猪头三"仍旧是一个詈词，但并没有攻击容貌的含义，常常用来口头发泄怒气：

（6）兄妹俩见利忘义，浑浑噩噩，一味在"铜钱眼里跳伦巴"，信奉"有钱不捞猪头三"的市侩哲学，在狭小自私的小天地中过着没有"灵魂"的生活。（BCC语料库）

2. 瘪三

"瘪三"一词源于吴方言，在毛泽东《反对党八股》里使用后，逐渐为大众熟知，成为普通话的一部分。《汉语大词典》与《现代汉语词典》对"瘪三"的释义都直接采用了《毛泽东选集》对"瘪三"的注释，即上海人称无正常职业而以乞讨或偷窃为生的城市游民，他们通常是极瘦的。这种释义并无差错，不过仅仅是释义，并未对"瘪三"的来源有任何说明。对于"瘪三"这个方言词的来源，学界争议颇多。

许多学者认为，"瘪三"一词原本并非汉语方言，而是源自上海地区的洋泾浜英语，但是对于"瘪三"具体来源于哪个英语词汇，大家的看法并不统一。汪仲贤认为，"瘪三"来源于"empty cents"的洋泾浜读音，即"瘪的生斯"，意为"没有一分钱的人"，上海人在口语中省略了"的"和"斯"，造成了"瘪生"一词，又因为"生"为先生、学生之意，于是以常用的"三"代"生"，"瘪三"这个词就形成了。汪仲贤还举例上海人将"瘟生""恢生""瘪生"合称"三生有幸"来证明"瘪生"一词的合理性，但是按照这个观点，"瘪三"的形成过程既有音译又有缩略，还有音近替代，路径似乎过于曲折。钱乃荣同样认为"瘪三"来源于英语，但是并非"empty cents"而是"beg sir"，即"乞丐先生"，也就是说，"瘪三"是英语"beg sir"的音译词，用来形容叫花子、难民等无正经职业而以乞讨为生的游民。吴连生、孙章埂等认为"瘪三"一词是英语"penniless"的音译词，"penniless"曾译作"毕的生司"或"毕的生"，意为"一文钱也没有的人"，后来因考虑到这个音译词"洋味"太重，便写作"瘪三"，使之更加符合汉语双音节的特征。吴连生、孙章埂认为"瘪三"本意是"一文钱也没有的人"，不包括对容貌的形容，所谓"这种人是极瘦的"的词义是在确定"瘪三"作为"penniless"的音译词写作形式之后才根据文字引申出来的，"干瘪"或"难看"都是"瘪三"的引申义或比喻义。薛理勇认为"瘪三"来源于洋泾浜英语的"beg say"，在英语中向某人乞求一般用"beg for"或"beg to"，但是在上海的洋泾浜英语中一律用"beg say"，人们将乞讨的人称为"beg say"，音译为"瘪三"。上述等观点皆认为"瘪三"源于洋泾浜英语词汇，但是并没有给出有力的证据证明其观点，他们根据的仅仅是"empty cents""penniless""beg say"等洋泾浜英语词汇与"瘪三"存在音与义上的相通之处。再者，在吴语中，"瘪三"除了表示乞丐、游民之外，还可以作为对小孩的昵称，如"那时你已结婚，生了个女儿，叫她'小瘪三'"。如果"瘪三"真的源自"empty cents""penniless""beg say"等表示身无分文的词，为何要用"身无分文"来形容孩童乃至婴儿呢？因此，我们认为，上述观点不可靠。

陈云五认为，"瘪三"即"笔山"，二者音同，在书写形式上很容易以前者代替后者，"瘪三"指的是由于吸食鸦片而精神萎靡，缩头耸肩的人，他们形似笔山，因此得名。此说除了提出了吴语中与"瘪三"同音的"笔山"外，没有其他证据，似乎过于牵强。不过，这种观点可以证明，与"瘪三"同音的词汇不仅存在于洋泾浜英语中，吴语中本身也有不少类似的同音词。

早在民国初期，徐珂在其编纂的《清稗类钞》中便注意到了"瘪三"一词，他认为"瘪三"源于"蹩脚"："瘪三者，蹩脚者之称也。或作鳖生，犹言小乌龟耳。蹩脚，佗傺无聊，落拓不得志也。"徐珂长期在上海生活，对上海方言民俗了解颇多，其观点具有较高的可信度。但是徐珂的观点也有一定问题，那就是他没有明确说明"瘪脚"如何发展为"瘪三"，如果按照谐声近似的发展路径来推理，"瘪三"源于"瘪脚"，但是实际上"瘪三"是一个名词，常常作为人的代称，如：

(7) 爬是自古有之。例如从童生到状元，从小瘪三到康白度。(鲁迅《准风月谈》)

(8) 正说着，又赶来一群小瘪三，抢包饭作剩下冷饭菜汁，老四叫他们道："小鬼跑来，我有话说。"(网珠生《人海潮》)

(9) "侬看俚弄得阿像一个瘪三！"(倪海曙《杂格咙咚》)

而"瘪脚"是一个形容词，形容东西质量不好或者人穷困潦倒：

(10) 不料这张椅子太旧了，咯吱响了一声，光裕忙掉到琼仙坐的那张椅子上坐下，说这里的椅子太瘪脚了，不得法还要跌交呢。(朱瘦菊《歇浦潮》)

(11) 阿翠道："钱耕心是括皮朋友，专喜欢倒贴的。像我这种瘪脚人，拿什么钱来贴汉，他如何会要。"(陆士谔《十尾龟》)

为何"瘪脚"这个形容词会因为读音相近就发展出了一个名词"瘪三"呢？而且细究"瘪脚"的词义，会发现"瘪脚"形容人落魄不得志，但是并不是专用来形容乞丐游民的，与"瘪三"所指并不相同。所以，我们认为，"瘪三"并非来源于"瘪脚"。

除了源于"瘪脚"外，徐珂在《清稗类钞》中还提供了另外一种观点，即"瘪三……或作鳖生，犹言小乌龟耳"。众所周知，在中国各地区的詈语中，几乎都有"王八""乌龟"等词，常用的詈词有"王八蛋""王八羔子""小王八""乌龟王八蛋"等：

(12) 欧阳爷眼珠一转，骂道："小王八羔子，你卖我一招儿，我打幌子你卖酒，你早就来保护宅院来啦，对不对？小王八羔子。"(张杰鑫《三侠剑》)

(13) 不交出你的小王八蛋来吗？就锁了老王八蛋去罢，有没有你的小王八蛋，大老爷跟前去说，我们不知道，只晓得

"咏梅山庄"里捉人。(陆士谔《最近官场秘密史》)

(14) 我明白了，该死的<u>小王八</u>，他准看透了我贪恋他的一点，想借此做服我，叫我看得见、吃不着，吊得我胃口火热辣辣的，不怕我不自投罗网。(金松岑、曾朴《孽海花》)

(15) 别的问题我也不敢武断，要讲到中国官场，岂是拿至诚可以感动得他来的吗，只要是升官发财门路，你便叫他做<u>乌龟王八蛋</u>几十代婊子养的，他都可以连声唱十来个肥喏。(《梁启超文集》)

吴语"瘪三"发音为 [pih⁴ san¹]，而"鳖生"发音为 [pih⁴ sae¹]，二者声韵调都十分相近，只有"生"与"三"的韵尾存在细微差别。因此，我们推测，"瘪三"实为"鳖生"，是吴语中有关"王八"的詈词，与官话詈词中的"王八羔子""王八蛋"同义。而且，"王八"虽然是一个詈词，但是也可以用来责骂小孩子，如父母骂淘气的小孩为"小王八蛋""小王八羔子"，"瘪三"也有此用法，更可证"瘪三"与"王八蛋"相通。

至于其书面形式抛弃了"鳖生"而选择"瘪三"可能是为了更好地表示轻蔑、鄙视之义。表示次序的数字词往往由于表示序列而发展出优劣褒贬义。在词义发展中"一"有褒义，"二"则趋向贬义，有时可以表示次等、下劣的意思，比如我们上文所论述的"二流""二愣子""二流子"等，排在"二"之后的"三"则表示更为低等、卑劣的人或事物，旧时富贵人家的男性尊称"大爷"，他们的男仆称"二爷"，有些仆人依附权势发了财，也雇仆人，则称"三爷"或"小三子"。因此，将"鳖生"写作"瘪三"可能是为了在书面形式上再给这个词附加上一层鄙视义。

3. 钻石王老五

"钻石王老五"指的是富有的大龄单身男子。这个词的词义和来源都非常清楚，它由两个成分构成，一是"钻石"，表示富有；一是"王老五"，表示大龄未婚男子。钻石是一种价格高昂的宝石，人们常常用钻石比喻财富或是形容物品珍贵，如：

(16) 保时捷真正的优势却在它的研究开发中心。它被称

为"德国工业的<u>钻石</u>""汽车工业界的硅谷"。(《人民日报》1995年3月)

(17) 过去10年是中国与东盟合作的"黄金10年",今后我们要共同打造中国与东盟的"<u>钻石</u>10年"。(CCL语料库)

在"钻石王老五"这个词中,"钻石"是形容词素,做定语,修饰中心语"王老五"。

用"王老五"表示"大龄未婚男子"则来源于1937年上映的一部电影《王老五》。电影《王老五》讲述了流浪汉王老五的坎坷命运,片中的童谣"王老五,命真苦,裤子破了没人补"引起了很大的社会反响,后来,人们便以"王老五"指代单身男子:

(18) 当年要不是他奸诈狡猾,趁自己因公出国比赛,向凯玲用卑劣的苦肉计求婚,自己今天也不会落得还是一个单身<u>王老五</u>。(胡娟娟《古堡里的怪物家庭》)

(19) 我看你这个千古第一美男子赛潘安居然没有老婆,觉得真是暴殄天物,对不起天下美女,所以就帮你找个机会嘛!谁知道你喜欢打光棍当<u>王老五</u>。(凌尘《都是招亲惹的祸》)

而富有的单身男性则被冠以"钻石王老五"或"金牌王老五"之名:

(20) 被介绍所工作人员誉为"<u>金牌王老五</u>"的李冰,是广州画界小有名气的青年画家、书法家。(BCC语料库)

(21) 周雄,一公关公司的经理,今年30岁,未婚,住高级公寓、开私家车、穿名牌、经常出入高档娱乐场所、手机跟着潮流换,一副"<u>钻石王老五</u>"的模样。[《人民日报(海外版)》2005年11月26日]

(22) 在生活节奏越来越快的现实生活中,谈恋爱也成了奢侈品,怪不得硅谷里的一大群年薪上百万美金的IT精英还是"<u>钻石王老五</u>"状态。(《文汇报》出2004年10月18日)

4. 二天

在普通话中,"二天"常常指的是"第二天",单独使用或者用在"头天,二天……"句式中,表示一个明确的未来时间点,如:

(23) 就像前时那几个革命党罢，头天关进来，<u>二天</u>就提出去毙了。（司马中原《狂风沙》）

(24) 我觉得这些日子天有点反常，照理是前夜降浓霜，<u>二天</u>该是响晴天才对，怎么夜夜落霜，大早却又阴起来的？（司马中原《狂风沙》）

在四川方言中，"二天"则有"今后"的意思（《四川方言词典》）：

(25) 你这下飞出去了，<u>二天</u>怕认不得我们啰！（《四川文学》1983年第3期）

"二天"一词常常出现于川籍作家笔下，如巴金的《春》：

(26) 她又望着淑英："二小姐，你看，她把我当成了外人，我<u>二天</u>不敢来了。"（巴金《春》）

(27) 海臣唤道，他真的就蹲下去请了一个安，然后站起来，对琴说："你<u>二天</u>来，多带两本故事书。你早点喊我，我陪你多耍一会儿。"（巴金《春》）

还有非川籍作者描写来自四川的角色说话时，也会用到"二天"：

(28) 鲜英热情得很，握着手，一口四川话说："那我该叫你一声老弟了！"又说："童先生，我听张表方谈起过你，<u>二天</u>欢迎你常来这里摆谈。"（王火《战争和人》）

(29) 胡秉宸当机立断离开了茶馆，临走时，那茶倌还在他身后殷勤喊道："<u>二天</u>再来坐嚓！"（张洁《无字》）

(30) 说是把你搞错了，又叫你<u>二天</u>莫再犯错误，晓得搞的啥子名堂哟！到底是哪个莫再犯错误！① （张贤亮《灵与肉》）

当然，"二天"当"今后"讲，使用最多的情境还是四川人的日常对话。根据我们的调查，"二天"一词并没有其他异体书写形式，由于这一方言词来源于民间口语，也无法做清晰的历史溯源，因此我们只能从其组成成分中分析其词义的来源。

"二天"意为"今后"，表示未来的、不确定的时间点，而"天"的

---

① 书中说这句话的角色叫王秀芝，是四川人。

常用义就是表示时间，因此在"二天"这个词中，"天"所起到的作用仍然是表示时间，而具体表示哪个时间点，则是"二"的任务。"二"作为一个数字词，除了表示数目"一加一所得"和次序上的"第二"之外，还有许多引申义和比喻义，附加了不同的感情色彩和文化色彩，我们上文已经论及。在《汉语大字典》中，"二"有一个义项是"不专一，不忠诚"，例证有《宋史·文天祥传》："况敢逃其死而二其心乎？"《汉语大词典》没有收录"不专一"的义项，但是却在义项⑩中直接将"二"解释为"二心"。"二心"就是"异心"，或者用白话讲"别的心思"，数字词"二"在任何辞典中都没有"别的；异"这种义项，但是在组成双音节或多音节词时，有时会带有"别的"的含义，如"二心"：

（31）我反复逼问，她就说了，说是她把你看成自家男人好几年了，打子出生前就这样看了，没有一点二心。（张炜《你在高原》）

（32）而况桂英自从嫁过来以后，任劳任怨，绝没有一点二心，那很可以相信的，绝不会和旧时的那一个顾客，有什么勾结，人家无故地要加她一矢，这叫她有什么法子可想呢？（张恨水《欢喜冤家》）

再如"二话"，指别的话，尤其可以用来表示不同的意见：

（33）你们去只管拆房甭说二话。白家没人出来阻挡你们就尽管拆，要是有人出面拦挡，满仓倒儿你回来叫我。（陈忠实《白鹿原》）

（34）我满以为儿女长大成人，就能挣钱养活我。可是，大儿子刚能挣钱，就二话不说离开了北平。（老舍《四世同堂》）

在"二话"与"二心"中，"二"的作用是用来与原本存在的"一"区别开的，原本忠心是"一"，有了其他的心思是"二"；原来存在的观点是"一"，其他人有了别的想法就是"二"。"二"在这些词中不表示数目或次序，而表示区别。"二天"意为"今后"，与"改天"词义相当。"二天""改天"所表示的都是未来的某一天，因此可以译作"别的一天"或者"别的时间"。我们认为，"二天"中的"二"与"二心"

"二话"中的"二"相同，它们都表示区别，它的作用是区别所指向的时间不是今天、现在，今天是"一"，别的时间是"二"。在这里，"二天"利用了"二"的序列义，数字排序"二"在"一"后，所以"二天"在"一天（今天）"之后。因此，"二天"表示的是"不是今天的、未来的某一天"，即"今后"。

"二天"的词义与"二话""二心"密切相关，甚至可以说拥有同样的源头，但是"二天"却只存在于四川方言中，没能进入现代汉语普通话，为何"二话""二心""二天"拥有不同的命运，这个问题仍待探索。

第三章
数字词语的语法分析

为了方便，本章所考察的数字词来自第三章中所分析的 30 个词语，但是由于这 30 个数字词涉及的句法功能不全面，因此我们在《现代汉语词典》中随机选择了 10 个数字词，包括"统一、四面八方、一贯、一定、接二连三、半截、再三、万古长青、半途而废、一哄而散"。在 CCL 语料库和 BCC 语料库中，根据每个词语随机筛选出 50 个真实例句，利用这 2000 个例句组成的语料库进行句法功能研究，总结上述 40 个数字词的句法功能特点。

第一节　数字词的句法角色

句法角色就是句法成分，指的是数字词在句子中出现时充当什么句子成分，是主语、谓语、宾语，还是定语、状语、补语。不同词性的词有不同的句法功能，数字词也不例外。很多数字词不止一种词性，如"三角"既是名词又是形容词，"万岁"既是名词又是动词，"一心"既是形容词又是副词，"统一"既是动词又是形容词。即使是一种词性，也可能拥有多种句法功能。如名词就有多种句法功能，可以充当多种句法结构。本文所谓的"数字词"有名词、动词、形容词、副词、数词、量词、数量词、代词等多种词性。每种词性的词都具有该类词的句法特征。如名词一般作主语、宾语、定语、谓语、状语等；动词一般作主语（有限）、谓语、补语、定语、宾语、状语（少数）等；形容词一般作定语、谓语、状语、补语、主语、宾语等；副词一般作状语、补语、连接两个动词或形容词、连接两个短语或分句、单独成句（口语）等；代词一般作主语、宾语、定语、状语等；数量词或数量短语一般作定语、主语、宾语、谓语、状语（由序数词构成）、补语等。

一、数字词作主语

数字词作主语的情况主要出现在名词性数字词上，名词性数字词作主语主要有两种情况，一种是单独作主语，一种是与其他成分组合作主语。这两种情况我们都视为名词性数字词作主语。具体分析如下：

（一）直接作主语

(1) 二氧化碳有个怪脾气，如果它在空气中的浓度超过5％，就会刺激人的呼吸中枢神经，使呼吸量增加2倍，并且有不舒服的感觉。(《中国儿童百科全书》)

(2) 四季还赋予地球以诗，故而悟性极强的中国人，在四言绝句中确立的法则是：起，承，转，合。(冯骥才《苦夏》)

(3) 两口子类似这样的嘴仗常常打，小耿一赌气就把自己关到厨房里，这时侯就到了何阳施展身手的时侯。(《1994年报刊精选》)

(4) 走到半路上，二愣子让司机把车停下来，他打开车门冲着雪地"哇哇"地吐了几口，他说他有点晕车。(劳马《初一的早晨》)

(5) 这些老太太们有的根本没来过台北，住在乡下里面，一辈子被毁掉了，所以有的人生活很苦。(《李敖对话录》)

例（1）和例（2）用拟人的修辞手法描述"二氧化碳"和"四季"，赋予了它们主动性。"二氧化碳"和"四季"本身极少单独作为主语出现。例（3）和例（4）中的"两口子"和"二愣子"都是人的代称，"两口子"指的是夫妻两人，"二愣子"则是某个人的外号，用作主语是它们的常规句法功能。"一辈子"的常见句法功能主要是作主语、定语、状语和补语，例（5）中的"一辈子"指代人的一生，并不是单纯表示时间。

（二）与其他成分组合作主语

我们所说的与其他成分组合并不代表数字词一定要与其他成分构成一个词组，数字词可以与其他成分构成词组，也可以单纯地与其他成分共同出现在句子的主语位置，主要有三种情况：第一，数字词和另外的成分并列作主语；第二，数字词与其他成分是同位关系，所指相同；第三，与其他成分构成偏正复合词，这个偏正复合词是句子主语。用例如下：

(6) 就在这个时刻，王纬宇、夏岚<u>两口子</u>满面笑容，一身轻松地来了。（李国文《冬天里的春天》）

(7) 水、<u>二氧化碳</u>和甲醇等物质在高温、高压状态下兼有气体和液体的一些特点，既像气体可以加速化学反应，也像液体一样容易溶解其它物质，这时它们成为超临界流体。（《人民日报》1999年12月8日）

(8) 一个<u>二流子</u>为了买香烟和孩子吵起来，骂他："你这个地主崽，你老子为了剥削，在这里被斗，你还敢在这里剥削！"（《人民日报》1951年3月1日）

例（6）中"王纬宇、夏岚"与"两口子"是同位语，二者所指相同，共同构成句子的主语。例（7）中句子的主语是"水、二氧化碳和甲醇等物质"，其中"二氧化碳"只是主语的一部分，它与"水""甲醇"等成分是并列关系。例（8）中"一个"与"二流子"构成了偏正复合词，修饰语"一个"限制中心语"二流子"，作用在于说明"二流子"的数量。

二、数字词作谓语

数字词作谓语的情况主要出现在名词性数字词、动词性数字词以及形容词性数字词上。数字词作谓语可以分为单独出现作谓语和前后带有修饰成分两种情况。

（一）数字词单独作谓语

数字词单独作谓语指的是数字词在句子中出现的时候，前面没有修饰成分，后面也没有附加成分，同时不带有"着""了""过"等时体助词。

(9) 此外，涉及区域股权、金融资产、海洋产权、场外市场清算、信用资产、软件和信息服务等领域的财富管理特色要素市场近一年多也纷纷投入运营或获批筹建，保持稳健运行，青岛金融业"<u>百花齐放</u>"。（《人民日报（海外版）》2017年4月13日）

(10) 职业联赛是市场经济的产物，讲究的是个性张扬和卖点。如果大家都四平八稳，不如回自己的练球馆里打练习赛。[《人民日报（海外版）》2002年4月22日]

(11) 尤其是，台湾当局领导人朝三暮四，变化多端，无法让人相信它的"诚意"。[《人民日报（海外版）》2000年11月21日]

(12) 可是他玩牌运气却不错，他结交了一批朋友，参加一切可以参加的娱乐活动，总而言之，他的生活一帆风顺。（伊凡·谢尔盖耶维奇·屠格涅夫《贵族之家》）

以上四个例句中的数字词都是形容词，形容词性质的数字词在句子中单独作谓语，表示某种状态，这些例子中的数字词前面没有任何修饰性成分，后面也不带宾语或补语。同时，它们也不带表示时体或感情的助词。例（9）"百花齐放"陈述主语"青岛金融业"欣欣向荣的状态；例（10）"四平八稳"表示运动员的竞技状态；例（11）"朝三暮四"形容台湾当局领导人反复无常的态度；例（12）"一帆风顺"形容特罗维奇的生活没有挫折。

（二）数字词作谓语时不单独出现

数字词作谓语不单独出现的情况可以分为以下四种类型：第一，数字词前面带有状语修饰成分；第二，数字词后面带有宾语或补语；第三，数字词前后皆有附加成分；第四，数字词后面带助词表示时体或情感。

(13) 他穿着军裤和衬衫，军靴锃亮，他的背带松松地挂在腰间，没有刮胡子，头发也乱七八糟。（伊恩·麦克尤恩《赎罪》）

(14) 秦始皇少年得志。十三岁即位称王，二十六年后，兼并天下，统一中国，自称始皇帝。（杨绛《走到人生边上》）

(15) 于是翁婆媳三人立即统一了举措：立即去找王益民。（陈忠实《两个朋友》）

(16) 如果是阿希礼这么紧紧地把她搂在怀里，如果是阿希礼把她的乌发贴住他自己的面孔并用它裹住自己的颈项，那

生活就十全十美了。(玛格丽特·米切尔《飘》)

（17）泥明阴湿地点头，看看印有米奇老鼠大头相的手表，不禁惊叹不已："两人果然干劲十足呀！"(梁望峰《学校童党》)

例（13）"乱七八糟"在句子中作谓语，陈述主语"头发"乱的状态，其前面的副词"也"在句中作状语，承接上文，表示他的头发和衣着同样杂乱；例（14）"统一"在句子中作谓语，其后带有宾语"中国"，指明秦始皇统一的对象；例（15）句中谓语"统一"的前后皆有附加成分，前面的修饰性状语"立即"表示立刻，后面的宾语"举措"表示"翁婆媳"三人"统一"的对象。例（16）和例（17）中的谓语"十全十美"和"十足"后分别带了时态助词"了"和感叹词"呀"，表示句子的时态变化以及说话人的情感态度。

三、数字词作宾语

数字词作宾语的情况一般出现在名词性数字词当中，一般来说，能作主语的名词性数字词都可以作宾语。数字词所充当的宾语在语义上有不同的角色，在典型的主谓宾句子中，宾语一般是谓语动词的支配对象，语义角色是受事。除此之外，宾语还可以是动词的与事、处所、时间等语义角色。

（18）农业劳动模范代表宋玉德在推动全乡生产运动中，曾改造过三十七名二流子。(《人民日报》1950年9月20日)

（19）一群人二话不说就剥我的衣服，四个人按住我的四肢。(张炜《你在高原》)

（20）我们必须在一天中过完四季：你要敏锐地去觉知，去经验，去了解，从每一天的因缘聚合中解脱出来。(克里希那穆提《生命之书：365天的静心冥想》)

（21）长大之后，你若嫁了荪亚，我们就是妯娌，一同在一个家里过一辈子。(林语堂《京华烟云》)

（22）此刻我躺在黑暗中，思绪像泛滥的洪水一样漫向四面八方……我心里是高兴的还是难受的？(路遥《你怎么也想

· 87 ·

不到》）

(23) 通篇都是错别字，三张纸还被他涂抹得乱七八糟。（艾利克斯·希尔《天蓝色的彼岸》）

典型的宾语如例（18）例（19）中的名词性数字词"二流子""四肢"，在谓语后表示谓语动词的支配对象，在语义角色上是动词的受事，可以称为受事宾语。例（20）例（21）中的"四季""一辈子"在句子中处于宾语位置，但是并不代表动作的对象，而是表示时间，是与谓语动词所表示的动作相关的时间成分，可以称为时间宾语。例（22）中数字词"四面八方"出现在句中的宾语位置，表示"回望"的地点，在语义上表示处所，可以称为处所宾语。例（23）中数字词"乱七八糟"在句子中作宾语，表示动作产生的结果，是结果宾语，在语义上是谓语动词的与事。

四、数字词作定语

数字词作定语的情况一般出现在名词性数字词和形容词性数字词当中。数字词作定语包括两种情况，一种是数字词作定语时与所修饰的中心语之间没有其他成分，一种是数字词作定语时与中心语之间有结构助词"的""之"。在现代汉语中，后一种情况比较多见。

(24) 这个招呼使我非常高兴，加强了我在见到他们时的乐趣，我的心也对他们给以百倍的回报。（卢梭《漫步遐想录》）

(25) 爹啊爹，本来你已经过上了四平八稳的好日子，想不到半空里掉下块大石头，一下子把你砸到了死牢里。（莫言《檀香刑》）

(26) 在小说创作中，追求民族特色，是新文学的一贯主张。（李準《黄河东流去》）

(27) 一次，一个抄写员寄来了一封信说，他用灯塔牌蜡纸抄写一个文件，抄到一半蜡纸就坏了，白白地浪费了他半天时间。（《人民日报》1957年1月5日）

例（24）和例（25）中的"百倍"和"四平八稳"借助结构助词

"的"与后面的"回报"和"好日子"构成名词短语，在句子中作宾语，这两个数字词都是以句子中名词性成分前面的修饰性成分——定语的身份出现的。例（26）、例（27）中的数字词"一贯"和"半天"没有借助结构助词，而是直接出现在名词性成分"主张"和"时间"前，与它们构成定中式短语"一贯主张"和"半天时间"，这两个短语在句子中作宾语。例（24）、例（25）、例（26）中的数字词"百倍""四平八稳""一贯"都是形容词，例（27）中的数字词"半天"则是名词。

五、数字词作状语

通常情况下，在句子中充当状语的数字词包括副词性数字词、形容词性数字词、名词性数字词以及数量词。副词性数字词可以直接在句中充当状语，而名词性数字词和形容词性数字词则往往需要借助结构助词"地"以达到在句中做状语的目的。例如：

（28）总的来说，我喜欢他，要是生在春秋，<u>一定</u>上他那里念书，因为那儿有一种"匹克威克俱乐部"的气氛。（王小波《沉默的大多数》）

（29）何应钦正一肚子没有好气，见宋美龄<u>三番五次</u>责问，也不禁发起火来。（《宋氏家族全传》）

（30）首饰也像衣服。有档次高低，有流行款式，一副不会够用，她就得<u>接二连三</u>地买下去。（毕淑敏《送你一条红地毯》）

（31）常言道无风不起浪，白天不做亏心事<u>半夜</u>不怕鬼敲门。（王旭烽《茶人三部曲》）

（32）我的脑子老像有一大群人在朝<u>四面八方</u>乱扯。（王小波《青铜时代》）

（33）我们楼下的老方也是这个问题，他去年中风后就落下了后遗症，到现在，走路都得靠拐杖，两只脚只能<u>一点儿一点儿</u>地挪，我每次看到他那样子心里都特别难受！（李可《杜拉拉升职记》）

在以上六个例句中，例（28）、例（29）中的数字词"一定""三番五次"是副词，例（30）中的"接二连三"是形容词，例（31）、例（32）中的"半夜""四面八方"是名词，而例（33）中的"一点儿"则是数量词。例（28）、例（29）中的副词性数字词直接作状语，修饰后面的动词"上"和"责问"。例（30）、例（33）中的形容词和数量词则需要借助结构助词"地"来作状语，与后面的动词共同构成状中式短语，在整个句子中作谓语。例（31）、例（32）中的名词"半夜"和"四面八方"直接作状语，表示动作发生的时间和处所，其中"半夜"是时间名词，"四面八方"是处所名词。时间名词和处所名词直接作状语修饰谓语动词的情况常见，而其他名词则不然。

六、数字词作补语

形容词性、名词性和副词性的数字词可以在句子中作补语成分，在述补结构中，补语往往用来补充说明述语的结果、时间、程度、趋向、数量、目的等。如：

（34）就因为在世人的心目中，拿破仑是个攻无不克、战无不胜的大英雄，因此，敌人只要一听到"拿破仑"三个字，气势上便矮了半截。（《哈佛管理培训系列全集》）

（35）老陈，你数一数这伤，有多少处了？每一次都是差这么一点儿！下一次，就是打不住致命的地方，我也顶不住了。（魏巍《东方》）

（36）我这么一个人，难不成就这样冷冷清清守着孙三儿胡拢一辈子吗？（金松岑、曾朴《孽海花》）

（37）一旦招待不周，还要被砸得乱七八糟，然后扬长而去。（李文澄《努尔哈赤》）

（38）李宗仁考虑再三，请求何应钦组阁，但何称没有蒋介石点头不敢做任何事情。（《晚年蒋经国》）

例（34）与例（35）中的数量词"一点儿""半截"在句子中作补语，"一点儿"用来补充说明述语"差"的数量，"半截"用来补充说明

第三章 数字词语的语法分析

述语"矮"的数量。例（36）中名词性数字词"一辈子"在句子中作补语，补充说明述语"胡拢"的时间；例（37）中形容词性数字词"乱七八糟"在句子中作补语，补充说明述语"砸"的结果；例（38）中副词性数字词在句子中作补语，补充说明述语"考虑"的程度。

许多数量词都可以在述补结构中作补语补充说明述语的数量，除了上述的"一点儿""半截"，还有"亿万""半天""一下""一度""一阵""一些""百倍""一会儿"等。

七、数字词独立成句

有一些数字词可以独立成句，这些独立成句的数字词常常是内部结构完整的成语或者描述性质的四字格形式的数字词。如：

（39）愿与贵国议会和人民一道，精心培植中巴友谊之树，使之根深叶茂，<u>万古长青</u>。（《人民日报》1995年11月7日）

（40）镇领导要求企业去管理咨询机构寻讨"秘方"，<u>三番五次</u>，企业硬是拖着不去。（CCL语料库）

（41）看，"贵族们把无产阶级的乞食袋当作旗帜来挥舞"，当人们发现他们的臀部带有旧的封建纹章，于是就哈哈大笑，<u>一哄而散</u>。（《人民日报》2001年7月25日）

（42）不改革，开放是无源之水，难以进行；不开放，改革将行而不远，<u>半途而废</u>。（《人民日报》2002年12月10日）

例（39）和例（40）中的数字词"万古长青"与"三番五次"在句子中起描述性作用，分别修饰"中巴友谊"和"镇领导咨询"的行为。例（41）和例（42）中的数字词"一哄而散"和"半途而废"是两个成语，这两个成语内部结构完整，自己便构成了一个完整的述补短语，因此可以独立成句，在整个句子中作谓语。

综上，数字词在句中可以充当主语、谓语、宾语、定语、状语、补语等句法角色，部分语义结构完备的数字成语可以独立成句。

第二节　副词性数字词句法功能探析
——以"逐一"为例

一、问题的提出

本节考察数字词"逐一"的历史来源和语法功能。《汉语大字典》对"逐一"的解释是：逐个，一个一个地。《现代汉语词典》则直接解释为"逐个"，并标明副词词性，对"逐个"的释义则为"一个一个地"。总之，两部大型词典对"逐一"的释义一致，《汉语大词典》虽未注明词性，但是从释义上不难看出，它也认为"逐一"是副词。

对于什么是副词，王力先生的观点是："它们能表示程度、范围、时间、可能性、否定作用等，然而它们并不能单独地指称一种实物，一种实情，或一件实事。它们必须附加于形容词或动词，方能表示一种理解。这样，可说是比形容词或动词更次一等，所以我们把它们叫作副词。……副词可说是介乎虚实之间的一种词。它们不算纯虚，因为它们还能表示程度、范围、时间等；然而它们也不算纯实，因为它们不能单独地表示一种实物，一种实情，或一件实事。"[①] 王力从意义角度将副词分为八类，分别是程度修饰、范围修饰、时间修饰、方式修饰、可能性和必要性、否定作用、语气末品、关系末品。李泉参考各家看法，采取意义和形式相结合的方式对副词进行了再分类，他将汉语副词分为七类：程度副词、范围副词、时间副词、否定副词、方式副词、语气副词、关联副词。其中方式副词表示动作、行为的方式或状态，只能修饰动词或动词性词组。[②]

[①] 王力：《中国现代语法》，中华书局，1954年，第24页。
[②] 李泉：《副词和副词的再分类》，《词类问题考察》，北京语言文化大学出版社，1996年。

第三章　数字词语的语法分析

"逐一"表示动作行为一个一个地施行于某人某物，是对动作行为方式的修饰，是一个典型的方式副词。李泉指出"逐一"只能用在动词或动词词组前。郭小娜对现代汉语方式副词进行了再分类，认为"逐一"表示动作的次序，语义中具有"述物"特征，语义指向动作关涉的对象；与"逐一"一起出现在句子中的受事宾语或受事主语必须是复数，因为只有复数才能满足其"次序"的语义要求，如果是单数，则无所谓次序的问题。① 董正存发现由"逐"构成的双音节副词"逐一""逐个""逐步"等均含有顺序义，并由顺序义发展出了量化义。"逐"能够将同一个谓词性成分 VP 所表达的动作行为分配给有序集合内每一个不同的个体成员，具有分配性特征，这种特征在副词"逐一"中体现得极为明显，具体表现为"逐一"所约束的名词性指称集合具有复数意义。② 他又以"逐一"为例说明了具有量化义的方式副词的分配性特征和句法表现，并在此基础上提出了对量化方式副词的教学建议。根据董正存的考察，"逐一"所约束的具有复数意义的名词性指称集合可以是受事宾语、受事主语、施事和与事，其中名词性指称集合为谓词性成分的受事宾语最为常见。③

目前学界对"逐一"的研究主要集中在其共时句法功能及搭配组合上，对"逐一"的历时考察较少，因此本节将聚焦于"逐一"的历时发展，考察"逐一"的历史来源与历时更替问题。

二、"逐"的词性演变

根据董正存的考证，"逐"能够表达量化义，在由"逐"构成的双音节副词中，"逐"通过对集合内每一个个体的周延达到对整个集合的周延，使该副词具有分配性特征，也就是说，在"逐一"这个双音节方

---

① 郭小娜：《现代汉语方式副词的界定及再分类》，《广东广播电视大学学报》2010年第3期。
② 董正存：《汉语中序列到量化的语义演变模式》，《中国语文》2015年第3期。
③ 董正存：《现代汉语量化方式副词的语义特征、句法表现及教学建议——以"逐一""纷纷"为例》，《宁夏大学学报（人文社会科学版）》2016年第4期。

式副词中，分配性特征是由"逐"来实现的。因此，我们考察"逐一"的历史来源必须先了解"逐"字，找出其量化义的来源。

《说文解字》载："逐，追也。从辵，从豚省。""逐"本义是"追逐，追赶"，为动词，经常作谓语，可以与其他动词连用构成连动结构：

(1) 十一月，甲午，国人逐瘈狗。(《左传·襄公十七年》)

(2) 蔡昭侯将如吴，诸大夫恐其又迁也，承公孙翩逐而射之，入于家人而卒。(《左传·哀公四年》)

(3) 灵何为兮水中，乘白鼋兮逐文鱼。(《九歌·河伯》)

"逐"的本义"追逐"很快发展出了引申义，其中与本义关联最密切的引申义是"驱逐"，当"驱逐"讲的"逐"仍然保持动词词性，在句子中作谓语，前面可以受状语修饰，其后可以带宾语，也可以不带宾语：

(4) 诸侯救邢，邢人溃，出奔师，师遂逐狄人。(《左传·哀公元年》)

(5) 穴中与适人过，则皆围而毋逐，且战北，以须炉火之然也，即去而入壅穴杀。(《墨子·备穴》)

不管是"追逐"还是"驱逐"，都常出现在"X＋逐＋Y"格式中，X是"逐"的施事，Y是"逐"的受事，施事和受事双方存在位置上的先后，"X＋逐＋Y"可以理解为X在前，Y在后("驱逐"也需要X在后驱赶，以达到将Y从原地赶走的目的)。这种X前Y后的动作模式让"逐"引申出了"跟随"义，依然用作动词，在句子中作谓语，一般用在连动结构中，且带有宾语：

(6) 而单于之庭直代、云中：各有分地，逐水草移徙。(《史记·匈奴列传》)

(7) 不田作种树，随畜逐水草，与匈奴同俗。(《汉书·西域传》)

作"跟随"义的"逐"经常出现在连动结构中，常见句法格式为"(X＋)逐＋Y＋VP"与"(X＋)VP＋逐＋Y"。在连动结构"(X＋)逐＋Y＋VP"中，连动结构的后项VP往往是一个动词性极强的词或词组，在整个连动结构中，语义的重点常常落在后项VP中，即强调连动

第三章　数字词语的语法分析

结构后项的动作行为：

（8）君随绿波远，我逐清风归。（吴均《与柳吴兴何山集送刘余杭》）

（9）白发逐梳落，朱颜辞镜去。（白居易《渐老》）

如例（8）"我逐清风归"实际所强调的动作是"归"，与前句的"远"形成强烈对比，更加突出与友人的分别之意。例（9）"白发逐梳落"强调的是白"发落"这个动作，与诗的题目"渐老"相呼应。两个例句中的"逐清风"和"逐梳"则可理解为"归"和"落"的方式，此时，"逐＋Y"的谓词性已经大大减弱，接近状语了。

"逐"的动词性在这种语义轻重有别的连动结构中逐渐减弱，越来越接近介词，如：

（10）羞从面色起，娇逐语声来。（贺铸《雁归后·采莲回》）

例（10）中"逐"与"从"分别位于上下句同样的句法位置，"从"是一个典型的介词，介绍动作行为发生的处所，早在上古时期已有用例，后世沿用：

（11）晋灵公不君，厚敛以彫墙，从台上弹人，而观其辟丸也。（《左传·宣公二年》）

（12）勾践伐吴，霸关东，从琅玡起观台，台周七里，以望东海。（《越绝书·外传记地传》）

而在例（10）中，"逐"与"从"相对，词性应当是一致的，例（10）中的"逐"的语义依然带有实语义"随着"，但是在语法功能上已经不能说是谓词性成分了。这里的"逐"更接近一个介词，修饰句子中真正的谓语动词"来"，表示句中"来"的动作行为是伴随着"语声"的。也就是说，此处"逐"的作用是说明动作行为的方式。

以上论证是为了说明在语言的历史发展过程中，"逐"的动词性有可能减弱，从而变成介词，在句子中作状语修饰谓语动词，说明动作行为是如何出现和进行的。此时"逐"所在的句法格式仍然是"（X＋）逐＋Y＋VP"，但是"逐"的动词性已经消失，在句中充当状语修饰谓语动词。当Y不是单个的具体的事物，而是具有复数意义、内部可离析为若干个体成员的有序集合或有序集合内的某一个个体成员时，X 就可以依照有序集合内的个体成员顺序依次实施"逐+Y"后谓词性成分 VP 所代表的动作行为①，使原本仅表示动作方式的"逐"发展出"依次""按照……次序"的介词义：

（13）均州奏：为本州岛编管、前漳州军事判官练亨甫，逐次与兄练劫、弟练冲甫往女弟子鲁丽华家踰滥，后收养在宝林院郭和尚房下，令求食。（《玉照新志》卷一）

（14）不想老虔婆逐日嚷闹，百般啜哄。（马致远《青衫泪》三【拨不断】白）

此时"逐+Y"可以解释为"每+Y"或者"YY"，经常有"逐"与"每"对举或者"逐+Y"与"YY"②连用的例子：

（15）逐朝忍冻饿，每日在破窑中。（无名氏《越调·柳营曲》）

（16）学者须是撒开心胸，事事逐件都与理会过。（《朱子语类》卷一百一十九）

上述例句中的"逐+Y"是介宾短语，出现在谓语之前，占据状语位置，对谓语成分进行修饰限定，"逐"在这种结构中具有量化功能，可以将谓语的动作依照次序分配给 Y 所表示的复数集合内不同的个体成员，例（15）中"逐"将谓语"忍冻饿"分配到"朝"所包含的所有成员中，也就是所有的日子里、每天都要忍受冻饿；例（16）中 Y 的所指在"逐+Y"之前已经出现，即"事事"，"逐"能够保证将"理会"这个动作依次分给"事事"中的每一件事。

三、"逐一"的来源

"逐"长期处于语义轻重不平衡的连动结构的前项，导致其动词性

---

① 董正存：《汉语中序列到量化的语义演变模式》，《中国语文》2015 年第 3 期。
② 与"逐+Y"连用的"YY"不一定是"Y"本字，也有可能是与事物 Y 相关的量词。

减弱，介词性增强，后来又与表示复数集合的词语连用出现了量化义，最终形成了一个语义较为实在的介词①，即"依次"。"逐"的介词义正式形成之后，介宾短语"逐+Y"朝两个方向演变：一是"逐"依然作介词，与名词性成分Y构成介宾短语，修饰谓语动词，如现代汉语仍在使用的"逐字翻译""逐句记录"等；二是某些"逐+Y"内部结构日益紧密，凝固性增强，彻底词汇化成一个副词，此时"逐"已经不再是一个独立的介词而成为一个构词语素。在《宋语言词典》中我们可以看到"逐处""逐次"作为词而出现，《元语言词典》中则收录"逐日""逐朝"等词。现代汉语中"逐个""逐一""逐步"更是无可置疑的副词，在某些"逐+Y"结构中，"逐"的独立性早已丧失，成为构词语素。"逐"的独立性是何时开始丧失的呢？下面，我们以"逐一"为例展开讨论。

1. "逐"与"一"在句中连用

"逐"与"一"在句中连用的例证在魏晋已经出现，但是此时的"逐+一"与表示动作次序的副词"逐一"完全没有关系，如：

(17) 岂可诣者逐一道如齐楚，而不改路乎？（《抱朴子·外篇》）

(18) 有一兽似虎而绝大，日正中逐一虎，直入人家，噬杀之，亦不食其肉。（《朝野佥载》第二卷）

上述两例中的"逐"是句中的谓语动词，而"一"是数词，修饰后面的名词性成分，与其后的名词性成分"道""虎"共同构成宾语。即句子中的"逐一道""逐一虎"是动宾结构，"逐"与"一"是截然分开、毫无关联的。这种"逐+一"格式只能说是由于表意造成的偶然，与我们讨论的副词"逐一"没有任何前后承继关系。

2. 副词"逐一"的出现

根据我们在CCL语料库中的搜索，表示次序的副词"逐一"最早出现在北宋《梦溪笔谈》中：

---

① 这不代表"逐"的动词义消失了，实际上"逐"的动词义一直存在且占据"逐"语义的主流位置。"逐"的介词义是由于语法位置固定而出现的新义。

(19) 述古自率同职，祷钟甚肃，祭讫，以帷帷之，乃阴使人以墨涂钟，良久，引囚逐一令引手入帷摸之，出乃验其手，皆有墨。(《梦溪笔谈》)

在例（19）中，受事主语"囚"表示的是一个带有复数意义的集合，这一点可以从上文"群囚"中看出。"逐一"在谓语前修饰谓语，达到将"令引手入帷摸"这个复杂动作依照次序分配给带有复数意义的受事主语"囚"中的每一个成员的效果。在例（19）中，"逐一"所约束的指称集合"囚"是一个复数意义的名词性成分，可以受量化成分限定，如"群"；"逐一"所约束的名词性指称集合"囚"和"逐一"所修饰的谓语"令引手入帷摸"出现在同一个事件语义框架中。此句中的"逐一"已经具有现代汉语副词"逐一"的所有特点。也就是说，最迟在北宋时期，副词"逐一"已经完全形成，语法、语义完备。在北宋之后，"逐一"不断出现在各类文献中，在《朱子语类》中频现：

(20) 道君因询朝廷近事，如追赠司马光及毁拆夹城等，凡三十余事。余逐一解释，谓追赠司马光正欲得民心，毁拆夹城止欲防奸细之类。(《靖康传信录》)

(21) 看大学，且逐章理会。须先读本文，念得，次将章句来解本文，又将或问来参章句。须逐一令记得，反覆寻究，待他浃洽。(《朱子语类·大学一》)

(22) 而今只据我恁地推测，不知是与不是，亦须逐一去看。(《朱子语类·鬼神》)

(23) 又以手指逐一指所分为四个处，曰："一个是仁，一个是义，一个是礼，一个是智，这四个便是箇种子……"(《朱子语类·性理三》)

(24) 须是入去里面，逐一看过，是几多间架，几多窗棂。(《朱子语类·读书法上》)

(25) 以心验之，以身体之，逐一理会过，方坚实。(《朱子语类·大学二》)

(26) 明德、正心、诚意、修身，以至治国、平天下，虽

有许多节次，其实只是一理。须逐一从前面看来，看后面，又推前面去。(《朱子语类·大学二》)

(27) 那府尹听得有杀人公事，即便陛堂，便叫一干人犯，逐一从头说来。(宋话本《错斩崔宁》)

在《朱子语类》中，我们发现了一例比较特殊的"逐一"：

(28) 问学如登塔，逐一层登将去。上面一层，虽不问人，亦自见得。若不去实踏过，却悬空妄想，便和最下底层不曾理会得。(《朱子语类·力行》)

在例(28)中，"逐一"后面并没有直接跟谓语动词，而有一个量词"层"，如何理解这句话的"逐一层"呢？联系下文"上面一层"和"最下底层"，这句话想表达的是"学习犹如登塔，要一层一层地登。上面一层……最下面一层……"，那么"逐一层登将去"其实可以理解为"逐层登塔"，也就是说"逐一层"的意义等于"逐层"，但是这里没有直接使用"逐层"，《朱子语类》也没出现过"逐层"这个词，而是直接使用现有的表示依照次序的副词"逐一"加上形容塔的量词"层"。这说明在这一时期"逐一"的用法尚未完全固定，"逐一"有时与副词"逐"功能相同，可以与其他表示复数意义的词相结合，构成"逐一＋Y"格式，在句子中作状语修饰谓语。

"逐一"主要出现在口语性较强的文献中，如《朱子语类》或者其他面向市井大众的话本小说中，即使到了明清，"逐一"也主要出现在白话小说里，极少见于正式文献中：

(29) 分付毕，若有别项讲谕，各静听主将逐一亲说记定，依次分付，自尊而卑起立，分列如前，中军官传令官旗下地方，众应一声，听大吹打，官旗由原路散回信地。(戚继光《纪效新书》)

(30) 拽开步来，把个杭州城里城外的洞天福地，逐一磨勘一番，逐一查刷一番，都有些不慊他的尊意。(罗懋登《三宝太监西洋记》)

(31) 不多时，邻舍唤到。知县逐一动问，果然说去年某月日间，有个姜客被王家打死，暂时救醒，以后不知何如。

（《初刻拍案惊奇》）

（32）钦圣命一个老内人逐一替他收好了。又叫领了他到各宫朝见顽耍。各宫以为盛事，你强我赛，又多多有赏赐，宫中好不喜欢热闹。（《二刻拍案惊奇》）

（33）最后宁王亲选，共只百人。各赐筵席，逐一细看，试其才能体态，拣了十个美人，个个尽是天姿国色，倾城倾国。（《七剑十三侠》）

（34）武侯新书有五十余数，变通有法，逐一分说，内中妙法无穷，深利兵家之用。（《乾隆南巡记》）

（35）我因为继之说起"狂士"两个字，想起王伯述的一番话，遂逐一告诉了他。（《二十年目睹之怪现状》）

（36）且鬟婢开口即者也之乎，非文即理。故逐一看去，悉皆自相矛盾，大不近情理之话，竟不如我半世亲睹亲闻的这几个女子……（《红楼梦》）

根据"逐一"在文献语料中的最早出现时间和在各类文献中的使用频率，我们推测"逐一"是在唐宋时期出现的一个口语词汇，它的出现是由于那一时期"逐"的副词义已经形成，口语灵活运用已经形成的副词"逐"与其他词语结合，并由于长期联合使用导致"逐一"凝结为一个词，"逐"也就从副词退化为构词语素了。

四、小结

"逐一"是一个方式副词，只能用在谓语动词前作状语，表示将动作依照次序分配给句中谓语所作用的名词性集合，这个承受谓语动作行为的名词性集合受到"逐一"的限制，因此必须是复数集合，"逐一"的作用在于保证该复数名词性集合中的每一个个体成员都能得到谓语动词的动作，因此我们说"逐一"可以将句中谓语进行分配，即方式副词"逐一"具有分配性特征。而被方式副词"逐一"所限制的名词性成分，既可以出现在"逐一"左侧，也可以出现在"逐一"右侧，即"逐一"既可以左向指称，也可以右向指称。方式副词"逐一"成熟于唐宋时期，本为口语词汇，多出现在白话文献中。在尚未形成固定用法的早期，"逐一"可以与其他表示复数意义的词连用，构成"逐一＋Y"格式，其功能用法与"逐＋Y"相同，都是在句子作状语修饰谓语，且带有分配性特征。

第四章

21世纪的汉语数字新词语

第四章　21 世纪的汉语数字新词语

进入 21 世纪，汉语词汇的发展呈现出更加丰富多元的变化。在对当代汉语新词新语的考察中，我们发现了一批由汉语数字语素或数字词参与构成的汉语数字新词语，它们反映着多姿多彩的社会文化，扩充了汉语词汇系统，是值得关注的鲜活语言现象。本章尝试对汉语数字新词语的衍生特点作出解读；列举了一些 2000 年以后产生或开始广为流行的，具有鲜明时代特征和典型词群化发展趋势的数字新词语，从词汇构造、语义表达以及社会语言学等角度进行分析，帮助读者对 21 世纪以后产生的数字新词语有一个整体的认识和了解。

第一节　21 世纪汉语数字词语的新变

一、反映社会热点，聚焦国家大事和党的方针、政策

固有的数字词语大多具有丰富的历史文化内涵，存在于汉语词汇系统基本层或常用层，在语言的发展长河中融入了中华民族在政治、宗教、哲学等方面的基本思想以及民俗文化和生活经验；而新兴的数字词语，绝大多数则是在各种社会事件中产生，体现着国家和社会方方面面的巨大变化。

数字新词语反映社会热点。2000 年 3 月，湖北监利县棋盘乡党委书记的李昌平向总理反映了当地农村、农民、农业三方面的问题，引起了中央的高度重视，长期以来党和国家始终把解决好"三农"问题作为工作的重点。"三农"一词逐渐被全民掌握且被《现代汉语大词典》收录。2011 年 11 月，中国各地全面实施双独二孩政策；2021 年 8 月以后，国家提倡适龄婚育、优生优育，一对夫妻可以生育三个子女。伴随着计划生育政策的调整和相关法律法规的出台，"一独二胎""双独二胎""二孩""三孩"等词语广泛进入媒体和百姓生活。2020 年初，新冠疫情肆虐，为锁定传染源，急需找到第一个感染的患者，由此"零号病人""一号病人"也开始进入公众视线。

数字新词语聚焦国家大事和党的方针、政策，常常以缩略如"破七（美元与人民币之间的汇率跌破一比七）""保八（保证全年GDP增长率达到百分之八）"和数量短语如"八项规定""两个一百年""一带一路"等形式出现在时政要闻和政策表述中。这些缩略形式和数量短语一般都具有相当高的复现频率和固定意义，尤其是其中的数项所代表的具体内容在全体语言使用者中已有一定的共识，因而具有成为新词且被大众广泛使用的倾向和条件。

可以说，社会方方面面的热点问题以及国家重大新闻事件通过广播、电影、电视、网络平台、报纸杂志、畅销书籍等媒介传播，是数字新词语的重要来源及其流行的重要途径。

二、网络用语出现"数字化"倾向且与社会生活迅速融合

21世纪是网络信息高速化的时代，数字新词语的产生和发展带有明显的网络时代印记。

一方面，与电脑快捷的输入方式和人们追求省便、新异的语用心理有关，网络语言中出现了一批阿拉伯数字词语，即部分或完全利用阿拉伯数字书写形式表达某种特定意义的词语。在以QQ为代表的聊天软件、网络聊天室和BBS等论坛中，这种语言"数字化"的倾向尤为明显。这些阿拉伯数字词语多为数字谐音的形式，即用与汉语（包括部分方言）或英语读音相同或相似的阿拉伯数字构成新词语。该类型中又以纯数字居多，如：27（爱妻）、56（无聊）、87（白痴）、88（拜拜）、94（就是）、246（饿死了）、360（想念你）、520（我爱你）、584（我发誓）、587（我抱歉）、818（扒一扒）、809（保龄球）、1314（一生一世）、1573（一往情深）、1711（一心一意）、3344（生生世世）、5156（无忧无虑）、7086（七零八落）、8147（不要生气）、8384（不三不四）、7456（气死我了）、25184（爱我一辈子）、70345（请你相信我）、574839（我其实不想走）等；也有少部分阿拉伯数字与英文字母共同组成的表达，如：3Q（thank you）、V587（威武霸气）、O2O（Online To

Offline)、F2F（Face to Face）等。此外，也有借代的形式，即借用同某事物密切相关的数字去指代，如：123（指木头人，小时候玩游戏时，喊"123"之后就不能动像个木头人）。另有拟声的形式，即利用数字的发音来模拟相似的声音，如：555（呜呜呜，像人的哭声）。还有谐音、借代等综合的形式，如：3.14（派，气派、有范儿的意思，谐圆周率符号π的音）。

另一方面，原本在网络上使用的一些数字新词语，在大众传媒的推波助澜下，开始进入日常生活。数字"1"形似一个形单影只的人，因此成了"光棍"的符号。11月11日由于聚集了四个孤单的"1"，被网友们定义为"光棍节"，并很快在单身人群中流行开来。后来，淘宝网为了进行年终促销，在这个节日的基础上创造了"双十一""狂欢购物节"的概念，鼓励单身青年在如此特别的日子通过疯狂购物来消遣。后来，线上、线下各大商家纷纷在这一天进行打折促销活动，"双十一"这个词快速进入日常生活，成了一年之中折扣最低的购物节的代称，和"双十二"一起形成了独具特色的全民年终购物文化。再如"二货"，原本在网络上用来辱骂智商、情商较低，总做傻事的一类人，类似四川方言中的"二杆子"，东北方言中的"二愣子"或陕西方言中的"二球"。在萌文化和自黑文化的影响下，"二货"不再是詈骂词、贬义词，反而更多用来形容生活中憨态可掬的小动物或傻得可爱、擅长逗人发笑的人，有时也用于自嘲。

随着互联网的发展，特别是在年轻一代的影响下，数字文化不断发展，更加丰富多样，呈现出强大的包容性和可扩展性，也体现着广大网民无穷的创造性及他们在生活中的打趣和幽默感。

三、由数字语素或数字词参与构成的新兴人物称谓大量增加，多以固定格式呈词群化发展

为顺应当今社会以人为本、价值多元的发展势头，以及随之而来的人物社会身份的变化，当代汉语中产生了许多新兴称谓用词，以反映不同人物的社会身份和社会关系。其中包括不少由数字语素或数字词参与

构成的新兴人物称谓,成为数字新词中值得关注的一大类型。

在类推仿拟机制的作用下,或以某个旧称谓为原型,通过改变其中数字语素及其所代表的次第关系,创造新称谓,如:小三→小四、小五;二宝→三宝;二奶→三奶;二手女人→三手女人;男一号→男二号。或以某个旧称谓为原型,在不改变其中数字语素或带有数字的核心语素的基础上,通过替换其他语素创造新称谓,如:一哥→一姐;二奶→二爷;店小二→村小二、河小二、洋小二。

这些带有数字语素的新称谓,多数以"群"的面貌一起出现,有的词群还具有相当多的数量。其中某一数字成分或形式的构词能力很强,位置相对固定,表现出一定的规律性和系统性。较有代表性的有"X一族",如:爱疯一族、半婚一族、蹭课一族、打工一族、低碳一族、刚需一族、公考一族、挂证一族、灌水一族、光盘一族、海囤一族、寄生一族、夹心一族、考公一族、考碗一族、靠爸一族、啃老一族、坑爹一族、恐婚一族、恐检一族、赖家一族、裸考一族、慢活一族、耐药一族、年清一族、跑酷一族、漂一族、拼一族、穷忙一族、轻奢一族、失婚一族、适婚一族、试药一族、铁丁一族、偷供一族、网赚一族、蜗居一族、蜗牛一族、蜗婚一族、隐婚一族、宅一族、指尖一族;"X一代",如:奥运一代、触屏一代、创一代、地震一代、独一代、奋一代、富一代、港生一代、骨龄一代、官一代、海宝一代、键盘一代、简一代、茫一代、煤一代、民一代、民企一代、鸟巢一代、鸟笼一代、农一代、拼一代、漂一代、千禧一代、强一代、侨一代、侨商一代、穷一代、权一代、世博一代、刷一代、台商一代、淘一代、网一代、文一代、稳一代、汶川一代、我一代、御屏一代、战疫一代;"X二代",如:保二代、彩二代、菜二代、拆二代、城二代、厨二代、慈二代、村二代、导二代、单二代、毒二代、独二代、房二代、非遗二代、腐二代、富二代、负二代、付二代、股二代、工二代、红二代、华二代、画二代、环二代、考二代、坑二代、矿二代、流二代、垄二代、煤二代、民二代、民企二代、名二代、农二代、诺二代、漂二代、拼二代、贫二代、普二代、企二代、侨二代、侨商二代、穷二代、权二代、仁二代、善二代、商二代、台二代、台商二代、特二代、体二代、壕二代、微富二代、文二代、喜二代、小康二代、笑二代、写二代、新二代、星二代、学二代、医二代、艺二代、油二代、游二代、职二代；"X三代"，如：拆三代、房三代、富三代、红三代、流三代、煤三代、农三代、贫三代、侨三代、穷三代、台三代、星三代、艺三代、油三代，等等。

　　"词群化"也是层出不穷的新词语浪潮中较为普遍的一种语言现象，是社会文化与词汇系统互动的结果，它们丰富了汉语称谓的形式与内容，其形式和语义上的联系具有一定的共性和规律可循，但也存在一些特殊的情况，我们将在后面的章节中进一步研究。

第二节　21世纪汉语数字新词群探微

一、"零X"

　　"零"最早在汉语中指徐徐而下的雨，即细雨，见《说文解字·雨部》："零，余雨也。"[①]"零"有（雨雪）降落之义，见《诗经·郑风·野有蔓草》："野有蔓草，零露漙兮"[②]；也有（草木）凋落之义，见《楚辞·离骚》："惟草木之零落兮，恐美人之迟暮。"[③]后来"零"也表"零碎"，见《红楼梦》第六十九回："何必受这些零气，不如一死，倒还干净。"[④]"零"作数词时，既表示小于所有正数、大于所有负数的那个数字；也指数位中间的空位，比如"一百零八位好汉""二零二一年"；还可指机械、仪表等刻度上的"零度"。

　　21世纪以来，当代汉语中涌现出了一批新兴的"零X"结构，即"零"后加单音节、双音节或多音节词，如"零铅""零增长""零管理层""零家庭暴力"，这其中又以"零"后加双音节词"X"构成的三音

[①]　许慎：《说文解字》，中华书局，1963年，第241页。
[②]　程俊英：《诗经译注》，上海古籍出版社，2016年，第157页。
[③]　董楚平：《楚辞译注》，上海古籍出版社，2016年，第6页。
[④]　曹雪芹：《红楼梦》，三秦出版社，2006年，第545页。

节复合新词居最多。这种新颖的形式满足了大众对新鲜表达的需求，行文简洁且具有一定科学色彩，尤其受到新闻媒体的欢迎。

(一)"零 X"的结构组合

"零 X"的内部结构关系较为单一，多为偏正结构，即"零"对"X"起限制或修饰作用。"零 X"结构中，"零"和"X"在组合上具有一定的开放性，"零"为常项，"X"为变项，"X"可为名词、名词和动词兼类或名词和形容词兼类等成分。

1. 零＋名词：零病例、零彩礼、零成本、零储蓄、零窗口、零地带、零绯闻、零费用、零风险、零高度、零人格、零关税、零后卫、零距离、零口供、零门槛、零家务、零库存、零礼金、零利率、零裸官、零目标、零农赋、零农药、零票房、零缺陷、零事故、零税率、零资源、零首付、零死角、零团费、零威亚、零佣金、零灾害、零噪音、零障碍、零主题、零专利。

2. 零＋动名兼类：零报告、零补考、零传播、零等待、零辐射、零干扰、零感染、零换乘、零录取、零加价、零接触、零解聘、零进球、零宽容、零容忍、零伤害、零伤亡、零申报、零收费、零投诉、零投入、零突破、零污染、零消费、零信访、零损失、零危害、零增长、零作弊。

3. 零＋名形兼类：零腐败、零饥饿、零遗憾。

(二)"零 X"的表义特征

"零 X"结构中"零"的内涵并非单一的，在表示具体明确的数量"0"的基础上，"零"的含义进一步引申为"无、没有"，见例句（1）。

(1) 入行以来，陈慧琳的形象一直非常健康，其"<u>零绯闻</u>、<u>零走光</u>、<u>零是非</u>、<u>零结党</u>"的形象，被称为四"零"艺人，其影响力与知名度更辐射亚洲地区及海内外。（《南方日报》2014年12月19日第PC11版）

"无、没有"之中有时也含有说话人或叙事者对某事件的否定性的期望和意愿，类似"不用、无须"，见例句（2）。

(2) 旅游景区，为啥不肯"<u>零门票</u>"、低价门票，一是因为收钱收惯了，形成了"门票经济"依赖心理；二是不知道"零门票"、低价门票照样能赚钱，而且"吃相"更好看，也更可持续。(《宁波日报》2017年5月17日第13版)

或者含有说话人或叙事者对某事件的否定性的决心和态度，类似"毫不、决不"，见例句（3）。

（3）大队精心谋划，明确责任，对各类道路交通安全隐患坚持<u>零宽容</u>、<u>零忍耐</u>、施重拳、下猛药的整改措施，增强了工作的针对性和有效性。(《山东法制报》2016年11月22日第3版)

值得注意的是，"零"有时并非表"完全没有"，而是"几乎没有"，见例句（4）、例句（5）。

（4）磁浮列车利用电磁力抵消地球引力，通过自动控制手段使列车悬浮在轨道上运行，被称为"<u>零高度飞行器</u>"。(《荆门日报》2011年3月1日第7版)

（5）来到上海野生动物园，不仅可以在步行区悠哉地欣赏，更可以乘上游览车，到车入区和里面自由活动的猛兽来一次<u>零距离</u>的亲密接触。(《新民周刊》2016年第12期《与"明星"们零距离》)

也可以说，"零X"中的"零"通常表示一种与"零"无限接近的相对值，而非绝对值，见例句（6）。

（6）因移民数量减少、出生率未增长且死亡率高于预期，德国自2011年来首次出现人口"<u>零增长</u>"。(《经济日报》2021年7月12日第4版)

所谓"人口零增长"，实际是新生人口数量与死亡人数基本相等，社会总人口数量达到动态的平衡。此时，"零"并非确切值，所以与"增长"并不矛盾。人们在进行统计的时候，不免会有一些遗漏或误差，所以"零增长"实际在某种程度上体现了数据的科学性和严密性。统计学中，除了"零增长"，通常还有"负增长""正增长"这些概念，构成一个完整的表义连续统。这一类"零X"常见于较为正式、严肃的报道中。张谊生在探讨当代新词"零X"词族时，谈到了"零X"词族是在翻译专门术语的过程中逐渐引入汉语的，当代汉语类前缀"零~"的起源也与英语"zero"有关。"零X"形式最初本存在于一些科学术语中，如语言学中的"零词缀（zero-affix）"，物理学中的"零功率（zero-power）"，数学中的"零向量（zero-vector）"，计算机学中的"零标记（zero-flag）"，电子学中的"零偏差（zero-bias）"，等等。"零X"在之后的词汇发展中继承了这样的科学属性和客观色彩，使其所要表达的内容易于得到读者的信任和接受。

在"零X"结构中，"零"一般与"X"具有直接的语义关系，"零X"可以理解为"没有（几乎没有）X"。在个别"零X"结构中，"零"与"X"间的语义关系是间接的，见例句（7）（8）。

（7）只有当纳税人当期的计税依据为零（当期未取得计税收入或应征税所得额为负数）才能进行零申报。（《甘肃经济日报》2004年12月17日第T00版）

（8）从5月12日起，我市对甲型H1N1流感密切接触者医学排查和跟踪医学调查情况实行日报告和零报告。（《荆门晚报》2009年5月19日第3版）

例句中的"零申报"不是"无申报，不报告"，而是指"即便没有经营收入也要申报"。"零报告"不是"无报告，不报告"，而是"即便没有新增病例也必须报告"。

还有一些"零X"，与成族群化发展的"零X"结构实际属于同形异构，在词义的理解上应尤为注意，见例句（9）（10）。

（9）这种生产方式让农民"零门槛"投入、"零起步"就业、"零风险"增收，把"农家小院"变成"脱贫小院"，把"贫困户"变成"生产者"，从根本上破解了贫困户脱贫增收的瓶颈。（《河北经济日报》2020年6月20日第2版）

（10）陈定用惊艳的表现为中国代表团再添一枚金牌，也实现了粤籍选手在奥运田径赛场上的金牌"零突破"。（《南方日报》2012年8月6日第A15版）

"零起步"是"从零起步"，不是"不起步"；"零突破"是"零的突破"，不是"没有突破"。对于这些"零X"的解读，如果仅仅是利用惯

第四章 21世纪的汉语数字新词语

性思维,则很可能造成使用和传播上的偏差。

(三)"零"的词缀化倾向

学界多把三音节新词"零X"中的"零"看作具有较强构词能力的"类词缀"。① 根据我们的观察,在"零X"词群的衍生和发展中,"零"的确具有较为明显的词缀化倾向。

从语素在词中所处位置来看,"零"作为数词时本是自由语素,能独立充当句子成分;但"零"置于双音节实词前面,就变成了定位语素。从表义虚化的角度来看,在以三音节词为主的"零X"结构中,"零"早已不再简单表示数字,其意义在一定程度上发生了泛化和虚化,成了一个否定性成分。从能产性来看,"零X"是一个十分能产的结构,在构造新词时具有很强的类化作用。

韵律语言学的构词观点也可以解释"零"的类词缀化问题:"韵律构词法不允许一个单音实词修饰一个双音实词,如果一个单音实词非得出现在一个双音名词前面,它必须改变原有的性质,由一个纯词汇词(lexcial wrd)变成一个词缀(affix)。这样它就可以逃脱韵律构词系统的管辖,从而达到修饰双音词的目的。"②

在语言类推机制的作用下,"零X"词群发展势头旺盛,展示了流行话语的时髦色彩,折射出了一定的社会文化心理。"零X"已在汉语中扎根,目前《现代汉语词典》(第七版)收录有"零增长""零风险",未来是否有更多的"零X"成为常用词汇词进入规范性的全民词典,还有待时间的验证。不可否认,在层出不穷的"零X"词群中,仍然有少部分不够稳定,有草率模仿和生搬硬套之嫌,甚至表意不明确,它们面临语言系统自身的选择与淘汰,也需要学界与语言管理部门加强引导与规范。

---

[1] 1979年,吕叔湘在《汉语语法分析问题》中提出了"类前缀"和"类后缀"的术语。有的学者也把类词缀称为"新兴词缀""准词缀""半词缀""副词缀""预备词缀""词汇性词缀"等。

[2] 冯胜利:《汉语的韵律、词法与句法》,北京大学出版社,1997年,第20页。

二、"X 二代"

现代汉语中的"X 二代"本是指物的，一般见于通过某种科技手段培育、繁衍的动植物，如"杂交稻二代""克隆羊二代"，也常见于通过某种技术手段研发、生产的工业产品或服务产品，如"苹果二代""余额宝二代"。在语义上可以理解为"第二代（批）XX（动植物/产品）"。

2004年起，网络和各大纸质媒体频繁刊出与"富二代"有关的报道，"富二代"一词随即引发了社会的密切关注与热烈探讨。在"富二代""官二代""农二代"等流行和传播的十几年间，"二代"也产生了明显的词缀化倾向，以它为基础，已经衍生出了六七十个以"X 二代"为模型的人物新称谓（据笔者的不完全统计），且这一词群至今仍保持着相当活跃、能产的状态。

（一）"X 二代"内部的人物关系

1. "X"所指人物特征

在最早出现的"X 二代"人物称谓"富二代"中，"X（富）"一般被看作"形容词（富裕的）＋名词（人）"的偏正词组的缩略。中心名词"人"被省略后，再从"富裕的"中取语素"富"和"二代"组合构词。这样的形式还有"贫（贫穷的人）二代""普（普通的人）二代"等。后来，为了满足表述更加多元的社会身份和人物角色的需要，发生缩略的词组或短语不再局限于偏正结构，如"坑（坑爹妈）二代""毒（吸毒）二代"。"X"也有了更多的变化，既可以为名词性的，如"城（城里人）二代"；也可以为动词性的，如"拆（拆迁户）二代"；还可以是形容词性的，如"慈（慈善人士）二代""善（慈善人士）二代"。"X"另有一些特殊的情况，如"壕（土豪）二代"中的"壕"是通过字形上的组合产生的新的构词成分；如"诺（诺贝尔奖得主）二代"中的"诺"是没有实际意义的音译字。

"X"主要体现不同人群的区别性特征：

（1）"X"一般体现第一代人（父母）在出身、职业、财富、社会地位方面的区别性特征。

第四章　21世纪的汉语数字新词语

表 4-1

X：父母拥有的某种职业、财富、社会地位（子女大多继承了其职业、财富，或凭借其社会地位在个人发展中获得优势）		
保二代（保险从业人员）	彩二代（彩票销售人员）	厨二代（厨师）
村二代（农村人/村干部）	导二代（导演）	房二代（拥有多处房产的人）
非遗二代（非物质文化遗传传承人）	股二代（股民）	工二代（工人）
官二代（官员）	画二代（画家）	环二代（环卫工人）
军二代（军人）	警二代（警察）	垄二代（垄断行业从业者）
红二代（革命家）	矿二代（矿工）	模二代（模特）
民企二代（民营企业家）	名二代（社会知名人士）	农二代（农民/农民工）
诺二代（诺贝尔奖得主）	企二代（企业家）	侨二代（海外侨胞）
侨商二代（华侨商人）	权二代（拥有权力的人）	商二代（商人）
特二代（拥有特权的人）	体二代（体育从业者）	壕二代（有钱人）
文二代（文艺工作者）	喜二代（喜剧表演者）	笑二代（笑星）
新二代₁（新居民）	华二代（海外华人）	移二代（移民）
星二代（明星）	学二代（学者）	医二代（医务工作者）
艺二代（艺术工作者）	油二代（石油工人）	游二代（游泳运动员二代/游戏玩家）

（2）"X"也体现第一代人（父母）或第二代人（子女/年轻人）在某种行为方面的区别性特征。

表 4-2

X：父母的某种行为（子女大多继承了这种行为）	X：子女或年轻人单方面的某种行为（与其父母是否有这样的行为无关）
考二代（父母参加考试改变命运）	奋二代（年轻人艰苦奋斗）
写二代（父母写作）	坑二代（子女坑爹妈）
藏二代（父母收藏）	拼二代（年轻人努力拼搏）

115

续表 4-2

创二代₁①（父母创业）	创二代₂（子女脱离家族原始产业，选择自主创业）
漂二代（父母离开家乡到异地工作）	毒二代（子女吸毒）
租二代（父母租房居住）	职二代（子女因父辈的社会关系而直接入职）

（3）"X"还反映"一代"人（父母）或"二代"人（子女）在某种品质方面的区别的特征。

表 4-3

X：父母的某种品质特征（子女大多继承了这种品质特征）	X：子女单方面的某种行为（与其父母是否有这样的品质特征无关）
腐二代（父母腐败）	强二代（子女自强不息）
善二代（父母有善心）	仁二代（子女怀有仁爱之心）
萌二代（父母可爱，讨人喜欢）	

我们在搜集到的语料中还发现了很多同形异义的"X"，即"X二代"中，"X"为同一语素，但表义完全不同。这是由于发生缩略的不同词组恰好选用了同一个汉字来代表音节。如"普二代"中的"普"既可以指"普通人"，见例句（11），也可以指"说普通话的人"，见例句（12）。

（11）面对同学中的"富二代"等优越群体，"普二代"们首先应当调整好自身心态，绝不能埋汰父辈未能提供良好的基础条件，而是以"感恩"、"奋斗"为内核驱动力，努力成为"拼一代"。[《常州大学学报（社会科学版）》2014 年第 2 期

---

① "创二代"有两个义项：(1) 接手父母所创立的产业的企业家子女，见《人民政协报》2011 年 9 月 7 日第 C3 版《家族企业传承的是"精神"而非财富》："永康市的企业交接班已呈普遍现象，一批'创二代'已经担当大任，他们基本完成了对创始人所创立产业的继承，并且正按照他们自己的愿望和设想去改造和发展企业。"(2) 脱离父辈的原始产业，选择自主创业的富人子女，见《黄金时代》2009 年第 12 期《"富二代"潇洒转身"创二代"》："也有人放弃父母为自己安排好的路，不做现成的企业接班人，而选择一条充满荆棘的创业之路；他们被称为'创二代'。"

《大学生"屌丝"文化现象透析》]

（12）因为我们本身就是说普通话长大的，不怎么会说湘潭话，所以我们的孩子可以称为"普二代"了。（《中学生》2012年第13期《拿什么拯救你，我的方言》）

这类"X二代"还有"村二代""创二代""农二代""游二代"，等等。

个别"X二代"是谐音的产物，如"付二代"（指每个月都得还车贷和房贷的人）和"负二代"（接管家中父辈债务的人，也指背负经济或精神压力的年轻人）是大众为取得表义上的鲜明对比，主动、有意识地利用"富二代"词音创造出的全新的词汇形式。有学者把这种词汇现象称为"借音赋形"[①]。我们将在后文有关"X零（0）后"的论述中进一步对这一词汇现象进行说明。

2."二代"所指人物关系

(1)"二代"指子女，体现两代人之间的亲缘关系。

红二代：老一辈革命先烈的子女，见例句（13）。

（13）刘少奇之女刘爱琴等曾在苏联学习过的"红二代"将受邀出现在红场阅兵式中，毛泽东、刘少奇等开国领袖及毛岸英等英烈的画像也将随方阵走过红场。（《齐鲁晚报》2015年5月9日第A3版《多名"红二代"将参加阅兵》）

"二代"指子女时，还可以体现亲缘关系下人与人间之的某种相同特征。

非遗二代：非物质文化传承者的子女，见例句（14）。

（14）为了让非遗这种古老技艺焕发新春，"非遗二代"从父辈和师傅手里接棒，以创新的方式推广传统非遗项目，其作品不但越来越被人们青睐，而且带领"非遗"走进现代生活。（《长沙晚报》2019年8月9日第10版《"非遗二代"：让非遗"活"得精神抖擞》）

[①] 见刁晏斌：《论当代汉语"借音赋形"现象》，《辽宁大学学报（哲学与社会科学版）》2016年第1期。

"X二代"中,"二代"多指"后代""下一代",即子女。"二"是"第二","代"指"辈份",相当于"三代同堂"中的"代"。关于"富二代"的来源,学界有一种说法是译自英语 rich 2G(G为英语 generation 的首字母大写缩写)。① 我们查阅古汉语语料库发现,汉代时有"X二世"的说法,见西汉刘向《新序》:"秦二世胡亥之为公子也,昆弟数人,诏置酒飨群臣。"到了唐代,应是避李世民之名讳,用"二代"替"二世",见唐白居易《决壅蔽》:"昔秦二代好佞,赵高饰谄谀之言以壅之。"今天的"X二代"结构中,用"二代"指子女,是否还有一些历史因素的影响,可以进一步考察。

(2)"二代"指"第二批……的人",可同时体现两代人之间的亲缘关系及亲缘关系下的某种相同特征。

独二代:实行计划生育政策以来的第二批独生子女。见例句(15)。

(15)中国开展计划生育以来的第一代独生子女(以下简称"独一代")已开始为人父母,"独一代"的孩子是第二代独生子女,人们通常习惯称他们为"独二代"。(《大河报》2010年7月21日第A37版)

民二代:第二批进城务工的农民工,也称"新生代农民工"。他们之中可能有的属第一批农民工的子女,有的则不是。见例句(16)。

(16)28年风雨阴晴,农民工一代,以80后、90后为主的民二代(即新生代农民工),农民工新移民家庭的第二代,日益成为关注焦点。(《中国青年》2010年第11期《新生代农民工:漂移的社会》)

台商二代:改革开放后,第二批到大陆经商的台湾人。他们之中的确有一部分属继承父母事业的第一代台商的子女,有一部分则不是。见例句(17)。

(17)时光飞逝,而今在福州创业的老一辈台商开始逐步退出舞台,一批台商二代正涌现出来,而在海西加速建设的大背景下,榕台合作前景更为广阔。(《福建工商时报》2010年5

---

① 见何另祖:《"富二代"引领的"X二代"》,《咬文嚼字》2011年第5期。

月 28 日第 2 版《台商二代弄潮福州》）

这类"二代"在语义上虽然与"子女"有交叉，但结合上下文语境还是可以看出，其在语义指向上还是偏向"第二批"。

（3）"二代"专指各类年轻人，不涉及亲缘关系与区别特征的传承。

这类"X 二代"多在有语义反差的对比语境中产生，"X 二代"可以理解为"……的年轻人"。

奋二代：无法或没有依靠父辈所提供的资源，独自奋斗的年轻人。

（18）我们绝不能当坐享其成的"富二代"，而要做勇于担当、不懈奋斗的"奋二代"，只有这样，才能不辜负总书记的殷切期望。（《陕西日报》2018 年 5 月 10 日第 4 版《让"奋二代"激扬更多正能量》）

拼二代：靠自己力量去拼搏的年轻人。

（19）如果"拼二代"这个群体越来越壮大，终有一天，弥漫在社会各个角落的"拼爹游戏"将落下帷幕。（《中国青年报》2009 年 9 月 4 日第 2 版《玩不赢"拼爹游戏"就做一个"拼二代"》）

强二代：不依靠或无法依靠家中上一辈的资源，通过自强不息取得成功的年轻人。

（20）强二代是未来最正能量最时髦的词！没有绝对的公平，你改变不了的，就改变自己，强化自己。（《新京报》2012 年 10 月 22 日第 D04 版《非京籍考生未必弱势》）

仁二代：怀有仁爱之心的年轻人。

（21）为"富二代"增加一个内涵——"仁二代"，相信他们登上社会舞台常主角时，为富不仁的偏见一定能大大改变。（《经济》2010 年第 8 期《让"富二代"变成"仁二代"》）

新二代$_2$：出生于富裕家庭，极具个性、充满斗志、锐意进取的高净值年轻人群。

（22）基金和股票这两个大众首选的投资产品虽然也是"新二代"的主要投资产品，不过随着可投流动资产的逐渐增多，他们对信托和房地产这类大额度投资的比重也有所增加。

(《时代金融》2018年第13期《"新二代"将引发财富管理行业变革》)

(二)以"X+数字+代"为框架的人物命名结构

在"X二代"频繁涌现网络和纸媒的同时,我们也可以发现不少如"贫一代""星三代"类的人物称谓。"X+数字+代"被看作一种框架式的人物命名结构,体现着人们追求新异和简洁的语用心理,其内部也有一定的规律和特点。

1. 数的衍生性和有限性

"X+数字+代"实际是语言使用者对"X二代"结构的一种模仿和改造。"X二代"一般指子女或其他年轻人,其所指人物在时间上具有代际性,向上可以推衍出"X一代",即"X二代"的父母,或第一批从事某项工作或活动的人;向下可以推演出"X三代"甚至"X四代",即家族中的孙辈、曾孙辈或"第三(四)批……的人",表现出了这一结构中数字的衍生性。

中国传统家庭结构多为三代或四代同堂,因此"X+数字+代"结构中,数的范围又一般局限在"一""二""三""四"四个数字中。其中,"二"的使用频率最高,其次是"一"和"三",鲜见"X四代"。在确实有多代的表达需求时,一般会用"N"这个表自然数集中任意数字的符号,如"富N代""穷N代"。

2. "数字+代"在表义上的多样性

关于人物关系中"代"的概念,结合上文对"X二代"的分析,我们认为至少可划分为三种不同的含义:一是由血缘关系产生的承递关系,如父母和子女;二是由年龄差别产生的承递关系,如青年与老年;三是以共同性特征产生的群体关系,如"……的一代""第二代……"等。

"数字+代"在语义上都并非简单表示亲缘关系或某种特征的传承。相比"X一代","X三代"在语义关系上较为简单。

(1) 最常用于表示"孙辈"关系。

华三代:海外华人、华侨的孙辈后代。

(23) 准确说来,他是"华三代"。他的祖父早在"二战"期间便从温州来到巴黎,父母在20世纪70年代初过

来，带着两个哥哥，而他是家庭中第一个在法国出生的孩子。(《中国青年报》2016年6月2日第9版《寻找法国"华二代"》)

红三代：老一辈革命家的孙辈后代。

(24) 3月15日下午，红场公园里出现了两位"红三代"相逢的感人场面：彭湃的孙女彭伊娜首次前来探寻祖父当年战斗和生活过的地方，当余创湖告诉她"我爷爷当年就是跟随您的爷爷闹革命"时，她紧紧握着余创湖的手，眼泪夺眶而出。(《汕头日报》2021年3月25日第3版《"红三代"带着"红四代"学党史》)

(2) 还可表"第三代（批）……的人"。

煤三代：第三代煤矿工人。

(25) 他激动地对我说："阳，看来你的选择是对的，以后的煤矿，需要的就是你们这样的'煤三代'！"(《2021思政工作研讨会论文集·"煤三代"的时代担当》)

台三代：改革开放后第三批来大陆工作或经商的台湾人。

(26) 更可喜的是，"台二代""台三代"不断涌现，在园区工作的台湾青年有60多人，是园区台企未来接班的生力军。(《闽西日报》2021年6月27日第T6版《留得住脚步 阻不断乡情》)

"X一代"在表义上就比较复杂了。

(1) "一代"仅指"X二代"的父母。这部分"X一代"多是在表示亲缘关系传承的"X二代"的基础上衍生出来的，即先有"X二代"，再有与之对应的"X一代"。

文一代：文坛名人的父母，自身也从事文学创作。

(27) 可喜的是，"文一代"们都愿意用一种欣赏的目光去看待儿女的写作，并没有要求后辈一定按照自己的道路前行。(《洛阳日报》2013年4月11日第11版《"文二代"靠父辈闯天下？》)

学一代：高学历人才的父母，自身也拥有高学历，从事教学或科研工作。

(28) 随着教育不断大众化、普及化，拥有更多社会资本、文化资本和经济资本的部分高学历知识分子"学一代"利用手中的科研优势和便利，甚至是权钱、权权交易的教育权力寻租，通过学术造假等手段助力"学二代"升学或者谋利。(《广西青年干部学院学报》2021年第1期《"学二代"问题对青少年思想道德教育的影响及对策研究》)

(2) "一代"指"第一代（批）……的人"，他们也可能是"X二代"的父母。

独一代：我国实施计划生育政策时期的第一批独生子女。

(29) 他们是两个不同的群体，"独一代"大部分出生于上世纪80年代，"独二代"出生于上世纪90年代，他们是新中国的第一代和第二代独生子女。(《今日中学生：下旬（初三）》2008年第9期《碰撞：当"独一代"遇上"独二代"》)

民一代：改革开放以后第一代进城务工的农民工。

(30) 特别是"民二代"群体，正逐步由"民一代"的"讨生活"向追求人生理想转变。(《群众》2012年第6期《提升"新市民"的幸福感》)

漂一代：改革开放后第一批到大城市打工的人。

(31) 改革开放后出现的"打工潮"，始于上世纪80年代中后期，第一代打工者被称为"漂一代"。(《中国青年报》2012年6月19日第10版《"漂二代"呈现农民工子女都市困境》)

(3) "一代"指年轻人群。

简一代：崇尚简单生活的年轻人群。

(32) 他们在18～35岁，有一点气质，消费行为不凶猛，希望生活能简单一点。他们叫"简一代"。(《河南日报》2010年5月5日第6版《"简一代"节省让时尚更高贵》)

茫一代：在事业发展方面感到迷茫的年轻人群。

(33) 当下"茫一代"既是推动中国社会经济高速发展的

蚂蚁雄兵,也是被经济高速发展"副作用"所中伤的一代,他们是否幸福、如何才能幸福,是中国社会经济代际变迁的注脚。[决策探索(上半月)》2012年第10期《"茫一代"35岁成生死线》]

淘一代:享受网络购物的年轻一代。

(34)淘宝网分析认为,年轻的"淘一代"消费能力强,需求旺盛,更懂得享受生活。(《沈阳日报》2010年1月19日第A6版《沈阳网络"淘一代"超过100万》)

稳一代:追求体制内稳定工作的年轻人群。

(35)2013年度公务员考试报名人数突破了150万,再创历史新高。年轻人努力进入政府机关,事业单位和国企,成为一种不容忽视的现象,有媒体将其称为"稳一代"。(《作文通讯:高中版》2014年第7期《如何看待"稳一代"》)

(4)"一代"指在某一特定环境或时期出生的一批人。

港生一代:父母均非香港居民,2001—2013年间在香港出生并有可能取得香港人身份的一代人。

(36)"他们出生的时候,占领了医院的床;他们读书的时候,抢了学校学位;他们长大以后,可能会靠社会福利过活;他们来香港的话,更会占去廉租房的名额……"这是香港某些论坛关于"港生一代"煽情又夸张的描述。(《中国经济周刊》2012年第20期《港生一代的成长烦恼》)

千禧一代:出生于20世纪末,在跨入21世纪(即2000年)以后达到成年年龄的一批人。

(37)布兰森口中的未来由"千禧一代"支撑起来,即中国人所说的80后和90后。这是欧美社会继二战后出生的"婴儿潮一代"后最庞大的年龄群体。(《新民晚报》2016年3月3日第B3版)

我一代:出生于20世纪70—90年代的一批人。

(38)在全球一体化浪潮下,改革开放后出生的中国青少年要如何面对"我一代"身上所具有的互相矛盾的群体特征,

对其个人生活和社会发展将带来巨大挑战。(《当代青年研究》2017年第3期《"我一代"典型特征及其社会影响》)

(5)"一代"指专指充满正能量的80后或90后青年。

海宝一代:参加2010年上海世博会的80后、90后大学生志愿者,也称"世博一代"。

(39)2010上海世博会正在成功举办,全国的学生志愿者也在这次盛会中向世界展现出中国80后、90后"海宝一代"热爱学习、勤于思考、善于合作、乐于奉献的精神面貌。(《中国青年报》2010年8月30日第8版《学联主席心语》)

鸟巢一代:参加2008年北京奥运会及残奥会的80后大学生志愿者,也称"奥运一代"。

(40)以独生子女为主体的80后曾经被认为是"垮掉的一代",然而2008年北京奥运会之后,80后大学生志愿者的出色表现让国外媒体以"鸟巢一代"来赞赏他们塑造了中国的新公民形象。(《大学:社会科学》2013年第11期《80后:理想很丰满,现实很骨感》)

汶川一代:参加2008年汶川特大地震救援的80后、90后青年。

(41):对今天的"80后""90后",也曾有批评之声,但他们已证明了自己是有责任敢担当的"汶川一代""奥运一代"。(《人民日报》2017年3月16日《政治参与需要年轻人的光芒》)

战疫一代:指积极参加抗击新冠肺炎疫情的80后、90后青年。

(42)如果说2008年是80后的元年,那么2020年则是90后的元年,一张张青春的面孔让中国为之骄傲,让世界为之震动——"战疫一代"正在崛起!(《中国青年报》2020年4月9日第5版《"战疫一代"与中国未来——90后的集体记忆与青春力量》)

在"X+数字+代"结构的推衍中,虽然大多数词语语义的发展是以亲缘关系或某种性特征的传承为基础展开的,但仍有一些与亲缘无关的情况。我们应注意到"代"具有两重属性,即自然属性和社会属性。

自然属性主要指亲缘关系和年龄；社会属性主要指因所处的时代和环境的不同而形成的社会角色差异。通过以上分析可以看出，"X＋数字＋代"内部蕴含的语义关系是多样的，在对"X＋数＋代"进行理解时，尤其是对非亲缘关系"X＋数字＋代"的理解时，要结合具体语境和上下文，来观察其包含的不同语义，否则会造成理解困难，阻碍语言交际。

（三）关于"X二代"词群产生和发展的社会语言学解读

"X二代"新词群的出现始终与国家政策、经济发展状况、社会主流价值观、语言使用者的心理等社会因素密切相关，既是一种语言现象，也是一种社会现象。改革开放四十多来，中国社会发生了翻天覆地的巨变，"X二代"新词群正是在这种时代背景下产生和发展起来的，具有明显的时代烙印，并且有可能预示着今后较长一段时间内社会结构的形态。

1. "X二代"词群暴露了社会转型时期的一些问题

晏荣认为，"X二代"现象的出现与备受关注说明了一个非常严峻的问题，即社会分化已较为明显，社会阶层边界已经初步形成并开始有固化的倾向。改革开放以前，公有制经济一统天下，社会结构也比较单一。改革开放以后，经济体制深刻变革，利益格局深刻调整，第一批创业者通过努力成为"富一代"民营企业家，为"富二代"和"富三代"积累了大量的财富。一些"官二代"也依靠家族社会地位、人脉关系甚至权力，在学习、工作机会等方面占据较大优势。而"贫二代""农二代"等则需依靠多年的学校教育、个人努力等途径，才有可能摆脱代际影响，实现社会资源的占有和社会地位的提升。不得不说，社会资源配置和结构出现了较为明显的阶层化趋势。[①]

"X二代"词群还暴露了社会在集中力量发展经济的过程中，其他方面存在的一定漏洞。在一个时期内，城乡二元分割的户籍制度将很多在城市长大但不拥有城市户籍的"民二代"挡在了城市大门之外；教育

[①] 晏荣：《"X二代"现象：制度性壁垒与社会排斥》，《中国青年研究》2011年第7期，第5～8页。

资源在城乡等不同区域之间分配不均衡，一大批"村二代"无法和"城二代"一样享有平等的教育条件；政府机关、企事业单位不尽完善的用人制度为潜规则留下了空间，"权二代""职二代"的出现阻断了"普二代"的晋升之路；大量的社会财富集中在处于金字塔尖的极少一部分人及其后代手中；等等。

2."X二代"词群体现了公众对个人条件差距的不满心理

中国改革开放40多年来，人们的价值观发生了很大变化，不再羞于谈钱比富。人们对因为家庭出身好而在个人发展中处优势地位的新生群体既羡慕又妒忌，自感失落，常常用"普二代""穷N代"等称谓自嘲，有时也用"奋二代""强二代"等称谓自励。

如果社会资源的分配不均，人们不能客观、理性地接纳社会存在的合理的财富、地位差距，加之有关"富二代""官二代"阶层的个体性负面事件时有发生，公众难免对他们产生仇视的心理，个别人甚至偏执地认为凡是通过继承父辈、祖辈财富和资源优势的"二代""三代"都具有类似的行为，将仇视对象泛化到所有的社会优势阶层。在认知偏差和仇视心理泛化的影响下，"X二代"等词的生成和发展具备了较为广泛的受众基础。大众通过一些途径适当宣泄累积的不满情绪，有利于社会的稳定，但如果这种词汇被过分解读甚至妖魔化，则可能误导民众尤其是年轻人，使他们的价值观产生扭曲。相信随着社会体制的完善、社会公平与共同富裕的实现，"X二代"等词语也会随之改变，但这种语言表象下的社会文化却是值得人们反思的。

3. 社会"标签化"心理及媒体"标签化"报道加速"X二代"词群的传播

人们对"X二代"词群的认知、定义与泛化实际上是基于一种"标签化"心理，即看待某人或某物时将其定型化或者习惯性地归入某一类，而不是将其视为一个独特的个体。"标签思维"是指对自己经历或看到的人、事物的固化判断思维，这种思维的最大局限在于轻率根据某个人的群体身份而下定论：由于部分"富二代"的不良行为，"富二代"一词被贴上了贬义的标签，成了"纨绔子弟"的代名词；由于少量的社会不公现象，"穷二代"被贴上了弱势的标签……"X＋数＋代"虽增强了表意的简明性和概括性，但个别词语以偏概全的副作用必须引起警惕。

媒介传播在"X 二代"话语生成和传播过程中具有重要的推动作用。在新闻传播过程中，对新闻事件进行鉴别、分类、命名，与人们已经熟悉的事件联系起来，把某个新闻事件归于人们已经熟悉、定型化的新闻事件类别，这样一个建构新闻故事的过程就是"贴标签"。① 部分媒体在市场逐利性的驱动下，一味追求传播效果，采用标签化、低俗化的标题来吸引读者眼球，在"X 二代"相关事件的报道中，只迎合大众的兴趣，没有完整、清晰地反映事件全貌。这样的标签化报道建构了"X 二代"的形象与特质，也限制了人们的认知，使他们对某些词汇极为敏感。

在当今互联网时代，信息传播的平台已从广播、报纸、电视扩大到门户网站、微信、微博等各类新媒体，信息的传播速度、范围和影响程度都发生了很大的变化。"X 二代"等带有标签效应的词很容易借助新兴媒体被大众尤其是青少年接受并内化。我们呼吁净化媒体环境，让新闻信息的传播遵守相应的行业规定，追究传播低俗、不实内容的主体的责任。在净化传播环境的同时，我们也呼吁媒体注重体现传统美德、时代精神、核心价值观的正能量"X 二代"词汇的传播，如"强二代""奋二代""梦二代"等，以形成良好的网络文化氛围，引导大众尤其是青年群体树立正确的价值观念。

三、"X 零（0）后"

"X 零（0）后"是 21 世纪以后产生的用于区分不同代群体的新兴构词方式。最早以此形式出现的词是"80 后"。2004 年 2 月 2 日，美国《时代》周刊把同为 20 世纪 80 年代出生的少女作家春树与写手韩寒称作中国"80 后"的代表，对"80 后"这一称呼的流行起到了推波助澜

---

① 王勇：《大众传媒与社会越轨行为——社会控制视域下的社会越轨新闻信息研究》，光明日报出版社，2010 年，第 81 页。

的作用。"80后"最早是指一批出生于20世纪80年代正在尝试写作的文学爱好者,此后外延逐渐扩大,接着便出现了"50后""60后""70后""90后""00后"等。"X零(0)后"不仅是一个年龄群体概念,更重要的是一个社会群体概念。李春玲认为"80"等表年龄群体的概念也可以称为"社会代",意思是一群同年龄的人由于共同经历了某些重大的历史事件,而产生了共同的思想观念、价值态度和相似的行为方式以及利益诉求。[①]

(一)"X零(0)后"中的时间概念与政治色彩

一般来说,"X零(0)后"指出生在同一个十年里的一批人,如"70后"指出生于1970—1979年的一代人;"80后"指出生于1980—1989年的一代人;"90后"指出生于1990—1999年的一代人。"X(零)0"代表以十年为一期的年代。也有学者认为,"80后""90后"等称谓也可以从政治意义上来说,它们是一个有明显历史标记的政治称谓。

周舟认为"80后"的所指时间应该提前到20世纪70年代末,90后的称谓的时间应该推迟到1992年初。[②]中国的改革开放从1978年底的中央工作会议时发端,三天后的十一届三中全会确定启动,1979年开始,1980年后全面铺开。整个20世纪80年代各行各业全面改革开放,可以说"80后"的成长史也是一部社会转型史,从计划经济向市场经济转型,从相对封闭向对外开放转型。而改革开放又是前所未有的,初期各种争议、矛盾不断,理论上遭遇诸多难题,直到1992年初邓小平南方谈话明确了社会主义的本质和判断标准,深刻阐述了计划经济和市场经济的关系等重大政治经济问题,全面回答长期困扰和束缚人们思想的许多重大认识问题,重申了深化改革、加快发展的必要性和重要性,把改革开放和现代化建设推向了一个新阶段。从这一意义上看,"80后"所指的时间概念应该从1978年底算起,90后的称谓的时间应

[①] 李春玲:《"80后"现象的产生及其演变》,《黑龙江社会科学》2013年第1期,第82~87页。

[②] 周舟:《80后、90后刍议》,《学周刊》2016年第22期,第250~251页。

第四章　21世纪的汉语数字新词语

该推迟到 1992 年初。

（二）"X 零（0）后"的反悖义

汉语词汇在变化中可能会因为语义关涉而出现借形现象。词汇借形是指通过非常规的音义联想关系，给一个已有的词汇赋予新的意义。为了追求表达上的趣味性，语言使用者有时会对一批比较熟悉的复合词的语素作重新解读，构成一个语义色彩完全相反的新义，我们把这种意义称为"反悖义"。这类词语比较常见，如"蛋白质——笨蛋、白痴、神经质""白骨精——白领、骨干、精英""天才——天生蠢材""神童——神经病儿童"等。

"X 零（0）后"也有"借形反悖赋义"的用法，见例句（43）至（45）。

（43）说奶奶是"80 后"，一是因为奶奶已是耄耋之年，在年龄上是名副其实的"80 后"。她同所有老人一样，慈祥、和蔼、豁达、宽容；更是因为奶奶在很多方面都有着 80 后青年一代的风采。（《常州晚报》2012 年 11 月 5 日第 B8 版《奶奶也是"80 后"》）

（44）别以为他老糊涂，他的脑子清爽得很，他的三四本存折，分别是不同银行的，每本存折的密码他能一口气背出来，"我老爸是人老心不老，常戏称自己是'90 后'"。（《绍兴晚报》2018 年 10 月 2 日第 5 版《90 多岁的"90 后"》）

（45）成都双流区的朱郑氏如果自称"最牛 00 后"，恐怕没人敢反对，因为满大街的"00 后"都比她晚生了 100 年，最起码得叫她祖祖。（《南阳晚报》2017 年 9 月 21 日第 W13 版《成都"最牛 00 后"今日满 117 岁》）

以上例句中的"80 后""90 后"和"00 后"分别指年岁在 80 以上、90 岁以上和 100 岁以上的老人，是利用同形的数字和"后"语素做的一种文字游戏，与"80 后""90 后""00 后"原本指代 20~40 岁的年轻人不同，具有较强的戏谑色彩，同时又反映了这类老年群体的活力。

（三）"X 零（0）后"的再创造

2021年初，网络、电视及各大报刊上出现了一个有趣的新词"韭零后"，见例句（46）。

（46）从反馈看，很多所谓的"韭零后"投资者就是在这一阶段入场的，这意味着不少基民在入场前都处于盲从状态。（《深圳商报》2021年3月12日第A6版《"韭零后"炒基 行为不可取》）

"韭零后"这一称谓的出现，是由于近两年来在媒体平台上有许多"基金大神"展示购买基金的高收益，并以"新手闭眼买无需操作"等噱头吸引大批1990年以后出生的年轻人购买基金，但不景气的市场环境及投资经验的缺乏导致他们不断亏损，坐拥百万资产梦想破灭，成为被收割的"韭菜"。伴随着基金市场多次大跌，网络上又出现了"凄零后""扒零后"来指称在基金投资中亏损的"七零后""八零后"人群，见例句（47）。

（47）年轻人总以为买了基金是稳赚不赔的买卖，所以当看到基金波动就开始焦虑，"韭零后"、"扒零后"、"凄零后"等词语应运而生，这也一定程度反映出大家内心的焦虑和煎熬。（腾讯网2021年6月30日《买的基金都绿，我要不要把钱放银行？》）

"凄零后""扒零后""韭零后"实际是一种词汇的"借音赋形"现象，过去学界多从"借音造词"的角度进行分析。刁晏斌指出，借音赋形，即主动、有意识地利用汉字的同音或近音现象，对已有词语加以改造，从而形成一个新的、从未有过的词语形式，来表达新义以及追求某种独特的表达效果。① 借音赋形包括等义赋形、半新义赋形和全新义赋形三类。等义赋形指新的词汇形式与旧的词汇形式的基本意义相同，只有风格、色彩意义有一定区别，如网民们为追求趣味有意识地将"妹妹"写作"美眉"，"帅哥"写作"帅锅"。全新义赋形是最典型的借音

---

① 刁晏斌：《论当代汉语"借音赋形"现象》，《辽宁大学学报（哲学社会科学版）》2016年第1期，第140~147页。

赋形,顾名思义,即新词形与旧词形的概念意义和附加意义都不相同,我们在上文中所提到的在"富二代"基础上衍生出来的"负二代"和"付二代"即属于这一类型。"凄零后""扒零后""韭零后"则属于"半新义赋形",它们的基本指称对象与"七零后""八零后""九零后"一致,分别指在70年代、80年代、90年代出生的青年人,但其语义内涵更为丰富:"凄零后"亏得凄惨,"扒零后"亏得像被扒光,"韭零后"亏得像韭菜一样被收割。

这类词语的诞生与一定的社会背景有关,戏谑色彩也比较重,生命力可能不会太强,但其背后的借音赋形是极富特色的当代汉语造词手段和用词方法。这类词语也是研究当代汉语词汇的鲜活的语料,值得关注。

第五章 中外数字民俗文化意义对比

第五章 中外数字民俗文化意义对比

每一种语言都有数字，同样的数字在不同语言中的内涵不一。有些数字在某一文化圈内深受喜爱，在别的文化圈中人们却避而远之。有一些数字过去属于禁忌，现在却被大家接受甚至喜爱。什么使这些数字拥有了民俗文化意义，什么使其民俗文化意义发生了变化，都是可以深入探讨的问题。

中国人喜欢使用数字成语，剪纸艺术中，人们也喜欢剪出二龙戏珠、三阳开泰、五福临门、八仙拱寿、九九长寿、十全十美等图案。除了数字成语，数字在中国人的日常使用中也有深刻的寓意，且多与谐音有关。如数字"四"在普通话中谐音"死"，因而被多数人避讳，而数字"八"的谐音是"发"，寓意着发财，最受欢迎。在广东方言中，"七"和"出"读音相同，生意人认为"七"象征货物畅销，故有以"777"为品牌的商品。关于此类数字民俗文化意义方面的研究，学界已有相当多的研究成果，绪论已粗略提及。本章基于前人的相关研究成果，对汉语与外语中数字所蕴含的民俗文化意义进行较为具体的对比分析。

第一节 数字"零"及其民俗文化意义

《说文解字》："零，余雨也。"可见"零"一开始并不表示数字。中国古人最先发明使用空位来表示零，这种方法至少可以追溯到战国时期。尽管"零"在甲骨文时期已经出现，但学者一致认为，"零"作为数目使用较晚。据张德鑫研究，"零"用以表示"数"，最早见于北宋包拯的奏议《择官再举范祥》[①]。郭龙生认为"零"作数目使用大概在元明以后。[②]

关于"零"的民俗文化意义，汉语与其他语言具有一些共性，即

[①] 张德鑫：《"零"与"〇"》，《世界汉语教学》1993年第4期。
[②] 郭龙生：《数词"零"的不同形式及其应用现状分析》，《语言文字应用》2015年第3期。

"零"并不完全表示无。张德鑫指出"零"是一个比较特殊的数词,并从数学、哲学、艺术的角度分别探讨"零"的特殊价值,证明"零"文化的丰富内涵和无穷魅力。在其他文化中,"零"的书写方式或谐音使其具有特定的民俗文化意义。如在英语国家,一方面,"0"与"OK"中的"O"书写形式相似;另一方面,zero、cipher、zilch、naught、nought、nil、nix等都表示"0",它们却具有"虚空,没有价值,一无所有"的联想意义[①]。

第二节 数字"一"及其民俗文化意义

"一"在中国古代常与哲学思想联系在一起,中国古代哲学家老子、庄子、董仲舒等都极力推崇"一",他们认为"一"是个神奇数字,不仅可以代表先天之始,还能代表后天之天。早期文献中有很多用"一"来表示"天"的例子。还有的文献认为"一"是世界的本原。如《说文解字》:"一,惟初太始,道立于一,造分天地,化成万物。"[②] 有的学者认为"一"是一种具有物质性的混沌未开的元气,而有的学者根据《周易》和《道德经》认为"一"是一种精神实体。吴慧颖在《中国数文化》中指出,"道生一"有"道产生出一"和"道使万物得到统一"两种内涵,因而"一"既有完整、完全、整个的涵义("一脸、一夜、一生"),也有始的涵义("一旦、一经、一……就……、一……则……")。张德鑫在《数里乾坤》中指出,中国人崇尚"一",和中国的坐文化是息息相关的,还受"天人合一"的儒家思想的影响。可见,从古代开始,人们就认为"一"是一个神圣的数字。

在其他民族的文化中,"一"同样是神圣的数字。俄罗斯人把"一"视为"完美、圆满"的象征;在《俄罗斯标准语词典》中,"один"的义项有十多个,超过其他任何数字;达利编写的《俄语谚语》中由

---

① 张丽丽、戴卫平:《英汉数字词喻义研究》,《广西社会科学》2008年第2期。
② 段玉裁:《说文解字注》,上海古籍出版社,1981年,第1页。

"один"构成的谚语也有 400 条左右。① 数字"一"也深受日本人的喜爱。孙满绪在其《日语和日本文化》中提到，在远古日本人就十分重视"一"，在日本神话故事中，"一"是衍生万物的始源。现代社会，日本崇尚"一"还体现在一些日本节日中，如：成人节（成人の日）是一月第二个星期一，防灾日是九月一日，敬老节（敬老の日）是九月第三个星期一，体育节（体育の日）是十月第二个星期一。在古巴比伦，人们认为数字"一"的含义超越了人类智慧所能理解的范围，因而"一"既享有绝对权威，又被视为神秘的、恐怖的和不祥的数字。古希腊的毕达哥拉斯将"一"与理性、灵魂、本体看成同一个东西，认为数的原则是万物的第一原则；毕达哥拉斯学派极力推崇"一"。17、18 世纪，德国著名哲学家莱布尼茨也指出："用一，从无，可生万物。"

总而言之，视"一"为神圣数字，似乎是人类的思维共性。

第三节 数字"二"及其民俗文化意义

《周易》中，"二"象征阴阳两仪，从哲学的角度来说就是对立统一，如《周易》中所说的阴阳、刚柔，进而引申出天地、尊卑、高低、功过、日月、昼夜、暑寒等。《道德经》提倡"一生二"，即"一分为二"的观点，如"弱之胜强，柔之胜刚"，"有德司契，无德司彻"，"信言不美，美言不信"，"善者不辩，辩者不善"等，两两对举。道家思想和儒家思想对中国人崇偶、崇"二"的心理产生了深远的影响。中国人对"二"的喜爱很直观地体现在汉语词汇中，汉语词汇双音节占多数。此外，"二"也象征着天地分开，抽象意义更趋向于叛变、分裂等贬义②。因此，汉语中也有部分含"二"的贬义词，如"二心、二流、二傻子、二百五、二流子、二愣子"等词。但总体来说，中国人视"二"

---

① 李德祥：《俄语数字文化简论——兼与汉语数字文化比较》，《解放军外国语学院学报》2003 年第 2 期。

② 任广旭：《中韩数词应用对比研究》，中央民族大学博士学位论文，2013 年。

为吉祥数。

在其他文化中,"二"有不同的民俗文化内涵。毕达哥拉斯学派把"二"视为邪恶、劣根、不平等、不平衡之源,故将每年2月2日定为冥王日,视为不吉利的日子。

第四节 数字"三"及其民俗文化意义

《说文解字》曰:"三,天、地、人之道也。"[1] 从周代开始,中华民族就十分崇尚"三",道家提倡"三生万物",《易》学提倡天、地、人"三才"思想。有"三"的成语的数量也很可观,如"三番五次、三言两语、三句不离本行"等,古文中三字句也有很多,如《三字经》,以及传统的三言诗等。惯用语通常都是三字格,如"黄鼠狼、变色龙、落水狗、跑龙套、打游击"等。中国神话传说中,哪吒有三头六臂,数字"三"被赋予了强大、神奇的文化内涵。佛教视"三"为吉数,和"三"相关的佛教用语也很多,如佛、法、僧"三宝",前生、今生、来生"三生"。藏传佛教在重大节日中,敬神要弹洒酒水三次。中国的道教也有"三清"之说,即玉清、太清、上清。[2] 不过,也有含"三"的少数贬义词。一些含"三"的方言词汇也有贬义,如吴语中的"吹牛三(吹牛皮),抬老三(死了)",北方方言中的"三孙子、三哥儿、下三滥",普通话中的"第三者"等。张德鑫在《数里乾坤》中指出,哲学中"否定之否定"的三段论成为"三"能包褒能贬的哲学基础。"三"的构词能力非常强,能与任何一个个位数构词,如"一唱三叹、一日三秋、三心二意、接二连三、三番五次、三六九等、三魂七魄、三灾八难、三教九流"等。总体来说,中国人视"三"为吉数。

基督教认为圣父、圣子、圣灵三位一体。受基督教文化影响,西方

---

[1] 许慎:《说文解字》,中华书局,1963年版,第9页。
[2] 殷莉、韩晓玲:《民族文化心理与英汉数字习语》,《外语与外语教学》2004年第9期。

一些国家也将"三"视为吉数,人们习惯于把事物存在的量或其发展过程一分为三,以图吉利。① 因此,英国、乌克兰、俄罗斯等国家十分崇尚数字"三"。斯拉夫民族把"三"视为完美、终极的象征,常常以"三"来象征教义和神学最重要的价值,借用"三"来评说世界,抒发情怀。西方人推崇的"三"还与罗马神话传说有关,在古罗马神话里世界由主神 Jupiter、海神 Nepeutune 和冥王 Pluto 三神主宰。俄罗斯民族崇尚奇数,具有"以三为度、以三为大、以三为止"的文化心态。此外,西方国家偏爱"三",与其崇尚奇数的文化心理有关。古希腊的毕达哥拉斯学派认为奇数"三"包含着"一"与"二",与宇宙和谐形式协调一致,三元成为稳定而完美的结构模式;"三"还表示开端、中间和终结,具有"全"的意思;"三"还表示长、宽、高,象征世界。数字"三"受青睐,还与原始社会人们对数的认识有关。在不少原始民族里,数字不超过"三"。因此,"三"是一个很大的数字,在西方许多国家的语言里,"三"和"多"有着语源上的联系,如英文的 thrice、拉丁文的 ter、法文的 très;汉语中"三"具有"多,无限"的意思。②

第五节　数字"四"及其民俗文化意义

《说文解字》云:"四,阴数也。象四分之形,凡四之属皆从四。"③《周易》云:"易有太极,是生两仪,两仪生四象,四象生八卦。"④ 我国古人信奉天圆地方,将方位分为"东、西、南、北"四个方位。神话传说中有四神、四大神兽、四帝等。《诗经》多为四言结构,大多数成语也是四言结构。这些都证明了在古代先贤的认知中,"四"不是禁忌数字,具有神秘色彩。中国古人崇尚"四"主要有以下几个原因:一是

---

① 马琴、王京华:《谈文化差异与英汉词汇不对应现象》,《教学与管理》2008 年第 36 期。
② 何柏生:《神秘数字的法文化蕴含》,《政法论坛》2005 年第 4 期。
③ 许慎:《说文解字》,中华书局,1963 年,第 307 页。
④ 曹顺庆:《中华文化原典读本》,北京师范大学出版社,2014 年,第 27 页。

古代文化的影响，二是"四"是"二"的倍数，三是崇偶的审美观。所以"四"被认为具有完整、对称、和谐的涵义。古代使用"四"随处可见，如"四书、浙江四大藏书楼、宋代四大书院、四学、初唐四杰、元曲四大家、四大名大、四大徽班、文房四宝、中国四大名绣、古代四大医典、中国四大发明、中国佛教四大名山"等。佛教词汇中常用"四"，如"四苦、四相、四尘、四谛、四大金刚"等。现代中国一些地方仍然视"四"为吉数，如北京的"四合院"，东北的"四盘礼"，闽南的"吃四色"等。然而，"四"的大写"肆"在一些文献中是个不吉利数字。《说文解字》将"肆"释义为"极陈也"，"极"指极刑，"陈"指陈尸，"极陈"即杀人而暴尸。① 随着历史演变，"四"也发生了语义定势迁移。一方面，由于"四"与"死"谐音，电话号码、车牌号、商品价格、医院病房号、旅店房号等都尽量避免使用数字"四"，压岁钱、结婚时的份子钱等也要避免与"四"相关的数额。此外，"十四""五十四"等与"四"相关的数目也属于禁忌数。数字"四"与"三"一起组成的习语，常带有贬义。另一方面，"4"作音符解就成了 fa（谐音发），因而被视为吉数。总而言之，"四"汉语中存在相互矛盾的两种民俗文化意义。

"四"在其他国家的民俗文化中有不同的内涵。日语中"四"也与"死"谐音，被视为不吉利的数字。由于越南语"四"跟"沉重"谐音，越南人也不喜欢数字"四"。然而，早期基督教认为，"four"代表福音传教士，象征着统一、坚韧和稳定。② 英国人十分崇尚数字"四"，认为"四"是公平、正义、力量的象征。由于"四"与方位相联系，在等西方国家，"四"是神圣的数字。由于信奉东正教，俄罗斯人认为"四"具有很多神圣的象征意义，如"四"象征"世界和物质"，"四"本身亦标志着统计上的完整性和理想的稳定结构；由于容易使人联想起正方形

---

① 何柏生：《神秘数字的法文化蕴含》，《政法论坛》2005 年第 4 期。
② 由于"四"被用于表达方位，而十字形的四端被用于表达东、西、南、北四方，后世基督教把这种联想继承下来，用"十"字的四端指天堂的四界，这样"四"与十字形和基督教就联系起来了。见何柏生：《神秘数字的法文化蕴含》，《政法论坛》2005 年第 4 期。

和立方体,"四"象征大地、时间及空间的秩序。大多数北美印第安人给"四"这个数赋予的神秘意义超过了其他一切数;希腊文化中,各端相等的十字,也是数字"四"的自然崇拜的标记和符号;印度人崇拜"四",在佛教文化中有大量由"四"参与构成的词语。对"四"最为崇拜的要数古希腊的毕达哥拉斯学派,其把"四"看作仅次于"一"的重要的数,是宇宙创造主的象征;该学派相信在数和存在着的以及生成的事物之间有相似性,认为正义是第一个平方数,这个数字正是"四"。

第六节 数字"五"及其民俗文化意义

《说文解字》:"五,五行也。从二。阴阳在天地间交午也。凡五行之属皆从五。"[①] "五"不仅是初民眼中人自身最和谐的生发之数,也是重要的天象、地物之数。张德鑫在《数里乾坤》中指出,我国古代发明了十进制的计数法,包含五进数的观念,因此五象征完整、圆满和吉祥。"五"的使用有褒有贬,如"五谷丰登、学富五车、五色斑斓、五世其昌"都是褒义,而"五谷不分、五短身材、五日京兆、五花大绑"等都是贬义。古代人很崇尚"五",体现在佛教、道教、中医、宗法、古籍、音乐、地名、饮食、鸟兽、文体、兵器等各个方面,如"五衣、五戒、五果、五帝、五官、五典、五律、五礼、五弦、五谷、五车、五禽、五狄、五行等"。古人视"五"为吉数,其原因有五个方面。第一,源于人的身体,人有头和四肢五端、五脏等。第二,阴阳五行说深刻影响人们对数字"五"的认知。据韩杰在《数字与色彩趣谈》中的研究,黄帝在考定历法时就提出了五行观念,到春秋时期,五行说逐渐走向神秘化,产生了相生相克的观念,不仅与政治、人事、社会相联系,而且还与各类事物类比配置。由于阴阳五行观念发展成为中国文化的解释模式,在后世人们的心目中,"五"的地位更尊贵、更神圣。第三,"五"在甲骨文中的字形就是交错交叉的,因此现代汉语中还有"五花肉、五

[①] 许慎:《说文解字》,中华书局,1963年,第307页。

花大绑、五花羊"等词。第四,"五"在自然数中处于一至九的正中间,人们把它视为中正平稳的象征。第五,"五"代表四方基础上的中间方位,"中"是一切原始信仰和神话哲学关注的核心问题,世界许多民族都把自己居住的地方视为世界的中心,如"中商、中华、中国"等都与第五方位之"中"有关。此外,数字"五"亦有少数被视为禁忌数的情况,如古人认为五月不吉利,谚曰"善正月,恶五月";五月初五是一个"恶月之中的恶日",主凶,自周代以来,民间还流传着"五月五日生子不举"的说法。总之,"五"在中国的文化中整体上属于吉数。

在其他民族文化中,"五"有不同的内涵。由于"五"位于前十个数字以及方位的中间,欧洲各民族将其视为"联结、中心和平衡""秩序、完满"的象征;但正是由于处于中心位置,"五"又被看作转折点,隐藏着危险。毕达哥拉斯学派认为"五"指代婚姻,奇数代表雄性,偶数代表雌性,"五"是奇数与偶数的结合。受到基督教的影响,西方也有很多国家视"五"为凶数。据《圣经》记载,星期五是耶稣的受难日,人类的祖先亚当和夏娃在星期五被逐出伊甸园,该隐在星期五杀害了亲弟弟亚伯。

第七节　数字"六"及其民俗文化意义

《说文解字》:"六,易之数。阴变于六,正于八。从人从八,凡六之属皆从六。"[①]《周易》中"六爻成卦","兼三才而两之"就为一卦,象征时间的作用,实现一个周期的循环。据张德鑫《数里乾坤》,中华民族崇尚"六"可追溯至先秦时期,"六"的运用范围广达"儒家经典、诗经学、字书、周代兵书、农牧业、政区、官制、寝宫、军队、易卦术数、中医、佛家经典、古画、古典词牌、乐舞"等方方面面,如"六经、六艺、六诗、六书、六韬、六言诗、六畜、六乡、六府、六宫、六部、六德、六亲、六甲"等。"六"之所以被视为神秘数字,有五点原

[①] 许慎:《说文解字》,中华书局,1963年,第307页。

因。一是与空间方位有关。"六"所代表的空间方位,被古人称为六合、六极等,即前、后、左、右、上、下,或天地四方,亦即三维空间的六个方向。二是受到《周易》的影响。据《周易》记载,"阴爻"表示阴性事物,用数字"六"代表,六爻为一卦。《周易·乾卦》曰:"六爻发挥,旁通于情。"① 即由六爻构成的卦,发挥舒展,广通天道、地道、人道。三是与谐音有关。"六"的谐音是"禄",因而附加和谐、圆满之意。四是与中华民族崇尚偶数的传统有关。五是与数学推理有关。六不仅是三的倍数,且是老子的"道生一,一生二,二生三,三生万物"中的"一""二""三"的总和;在《周易》的八卦五行中,六是五个地数之一,又是地数二和四之和。然而,"六"也有禁忌色彩,如在东北方言中,"六"和"溜"谐音;在湖北方言中,"满禄"是"死"的委婉说法。整体而言,"六"被中华民族视为吉数,生活中有"六六大顺"的说法。

在其他文化中,"六"有不同的文化内涵。受到基督教的影响,英国、美国等一些国家将"六"视为禁忌数。"666"在《圣经》里是个可怕的"野兽数",是魔鬼的代号。据彭永爱研究,西方很多人不喜欢"six(六)",还因为易误读为"sex(性)",明显体现在英语俗语中,如"at sixes and sevens(乱七八糟)""six penny(不值钱)"等②。俄罗斯人对"六"褒贬不一。他们把没有主见的人称之为"шестерка",因为在他们眼里"六"具有双重性(2×3 或 3×2),预示着事情有可能会向否定的方向转变;也有人认为"六"是两个三角的结合(一个极点朝上,另一个极点朝下),象征平衡;有六个边的立方体也象征稳定;相传宇宙世界是分六个阶段形成的(天空、水、大地、植物、动物、人),六种不同的颜色(蓝、黄、红、绿、橙、紫)汇合起来构成的图案非常美,"六"还象征和谐、完美、美丽。此外,也有一些民族重视"六",印度人对"六"很注重,佛教中有很多带"六"的词汇,如"六

---

① 曹顺庆:《中华文化原典读本》,北京师范大学出版社,2014年,第16页。
② 彭永爱:《汉英数字模块语义定势与文化心理变数》,《湖南社会科学》2011年第3期,第177—179页。

字真言、六根清净、六道轮回"等；巴比伦人对"六十"及其倍数特别偏爱，创立了以六十为基数的进位制，认为一年有360天，圆有360度；希伯来人也很看重"六"，他们认为"六"和"二十八"是最小的完数；有些《圣经》注释家认为"六"和"二十八"是上帝创造世界时所用的基本数字。

第八节 数字"七"及其民俗文化意义

汉语中，"七"和"八"构成的成语常含有杂乱之意，如七零八落、七死八活、七上八下、七嘴八舌、七手八脚、七拼八凑、七折八扣等。《说文解字》载："七，阳之正也，从一，微阴从中邪出也。"① "七"非吉数，综合前人的研究，原因大致可归纳出六条：一与古文献传说有关。如东汉的扬雄在《太玄·玄图》中说："七也者，祸之阶者也。"② 《礼记·檀弓》载："盖寝疾七日而没。"③ 二与人们求吉避凶的心理有关，因"七"与"气"或"重"谐音。三与宗教有关。按佛教的说法，七七为丧俗，人死后每隔七天祭奠一次，到第七个七天为止。④ 在粤东闽南一带，生活中都忌讳使用和提到带"七"的数字；在佛教传入中国之前，道家对"七"也没有好感。四与中国人崇偶忌奇的心理有关。给人送礼时忌七件或七样，饭桌上的菜不宜是七盘；人们在挑选吉日良辰时不挑初七、十七和二十七。五与月亮周期和人类生命周期有关。任广旭指出，"七"和月亮周期以及人类生命的周期有着极其密切的关系，所以葬礼上多使用以"七"为单位的祭礼，久而久之，"七"便跟死联系在一起，成了可怕的数字。⑤ 六与古代传说有关。在我国某些地区，

---

① 许慎：《说文解字》，中华书局，1963年，第307页。
② 扬雄撰，范望注：《太玄经》，上海古籍出版社，第104页。
③ 陈澔注，金晓东校点：《礼记》，上海古籍出版社，2016年，第74页。
④ 王国安、王小曼：《汉语词语的文化透视》，汉语大词典出版社，2003年，第130页。
⑤ 任广旭：《中韩数词应用对比研究》，中央民族大学博士学位论文，2013年。

农历的七月初七为凶日，禁止嫁娶。由于传说中的牛郎与织女只能在七月初七相逢一次，有些地区还认为，若七月初七下雨，那雨就是牛郎织女的眼泪，因此有"七月七日，迎新嫁女避节"之说。

不过，汉语中的"七"有时也非禁忌数，且在中国古代文化中，被赋予了与时空、生命等相关的文化内涵。据张德鑫《数里乾坤》，甲骨文中"七"写作"十"，代表上、中、下三个方位，"七"借"十"这个二维符号来表示三维空间，表示无限大。《周易·复卦》载："'反复其道，七日来复'，天行也。"[①] "七日"是天道循环往复运行的周期数；因此"七"象征无限，是一个无穷大的宇宙极数。此外中国古人还认为北极星是固定不变的，是"天帝"，它对应人间的天子。由于北极星的尊贵，北极星旁边的北斗七星也尊贵起来，古人认为北斗七星是北极星这个天帝旁边的"辅臣"。何柏生指出，在传统的五行思想中，"七"为火德之数，在政事、祭祀、礼仪教化等方面含有至高无上之意，甚至可引申为天子权力的象征。[②] 中国古代的六方位观念中，鸡、狗、羊、猪分别指四方，马行驶于上、牛耕种于下，正好代表了六合方位，而"万物之灵长的人类占据正中央神圣的第七位"。正月初七，也是民间传统习俗的"人日"。据远古神话，开天辟地之初，女娲在七日内依次造出鸡、狗、猪、羊、牛、马、人。后来人们就以此为俗，从正月初一开始，"一日不杀鸡，二日不杀狗，三日不杀猪，四日不杀羊，五日不杀牛，六日不杀马，七日不行刑"[③]。

在世界上不同的民族中，数字"七"具有不同的民俗文化意义。日语中"七"泛指"多"，有时也表示"少"，主要是由于某些生物的生命周期很短。越南人喜欢"七"，主要是受到了西方文化影响，因为西方国家常奉"七"为幸运数字，所以有"lucky 7"的说法。乌克兰人偏爱"七"，许多成语、谚语、固定词组中均有"七"，这是受基督教文化的影响。基督教认为天堂有七层，上帝用六日造世界，第七日休息，为

[①] 李兴、李尚儒编译，支旭仲主编：《周易》，三秦出版社，2018年，第37页。
[②] 何柏生：《神秘数字的法文化蕴含》，《政治论坛》2005年第4期。
[③] 宗懔：《荆楚岁时记》，山西人民出版社，1987年，第15页。

安息日；所以对基督教徒来说"七"是个圣数。奇数"七"对于俄罗斯人来讲是最幸福、最吉祥的数字，它不仅与时间的变化有关，象征着完整的时期或周期，还包含着三位一体的神和"四方世界"，是"三"（理想的化身）和"四"（和平的秩序）的结合，也是人和神的结合。希伯来文的"七"是"shevah"，源自词根 savah，是"齐全、满意、足够"之意。在古希腊文化中，"七"是圣数，比喻"完整"，有七个智者、世界七大奇迹、尤利西斯在女巫色塞那里被囚了七年、七姐妹、七人攻打底比斯。英语中的"七"被认为是神秘而神圣的数字，具有"美好、神圣"的涵义，也是受基督教的影响。此外，法语、德语、俄语等印欧语系中主要的语言也用"七"和"天空"组成成语来表示"非常愉快、幸福、满意"。

总体来说"七"被西方人视为圣数。"七"与世界各大宗教也有很深的渊源，《圣经》中记载，上帝花了七天创造世界。佛教和伊斯兰教也很崇尚"七"，如佛教中释迦牟尼面壁七天修成正果，伊斯兰教中认为天堂有七层。世界三大宗教，即基督教、伊斯兰教、佛教，都把"七"作为圣数。西方常用数字"七"来规范人的道德行为或宗教仪式等，如七大美德、七宗罪、神的七大礼物；圣母玛利亚有七大喜和七大悲，音乐上有七声音阶，光谱上有七种颜色；每七天为一周等。究其原因，何柏生指出，"七"代表的是"极限方位"，即东、西、南、北、上、下、中，在方位上是无以复加的，所以"七"可以表示生命的周期变化，蕴含着"无限大、周而复始、物极必反"之意。最早使用"七"表达周期性意识、循环意识的是苏美尔人、巴比伦人，随着两河流域文明的传播，"七"的用法被犹太教、伊斯兰教、基督教等继承下来。

第九节　数字"八"及其民俗文化意义

《说文解字》云："八，别也。"可知"八"的本义是分别。汉语中也有很多关于八的词语具有贬义，如"八败命、八竿子打不着、八难三灾、七手八脚、七拼八凑、七扭八歪、乱七八糟、七零八落、丑八怪、八字没一撇"等。随着社会发展，"八"的语义色彩发生了变化，人们逐渐视"八"为吉数。综合前人的研究，原因有四。第一，随着古代阴阳五行说和八卦说的盛行，先民们把宇宙分为八大要素，且"八"是阴数，又是二、四、六、八中最大的数，人们逐渐认为"八"具有神秘色彩。第二，"一"到"十"这些自然数中，唯有"八"可以开立方，具有多变性。对"八"的使用屡见不鲜，如"八仙过海、佛教八宝、永字八法、扬州八怪、八大菜系"等。第三，粤语中"八"和"发"谐音，现代商业活动中广泛使用，如"十八""九八""八七"等。第四，受崇尚偶数的心理的影响。数字"八"是特别的偶数，可分为四个二或两个四，蕴藏着丰富的文化内涵，人们在给事物命名时也都喜爱用"八"，如"八珍、八仙桌"等；汉语中带"八"的成语也不少，如"八面玲珑、八拜之交"等。佛教中有大量与"八"有关的故事和词语，如释迦牟尼的生日是四月初八，还有"八教、八苦、八识"等。而"八"在一些地方的习俗中仍然保存贬义，如河南的"七不出门，八不归"；湖南、福建也有忌逢"八"回家的习俗；河北八旬老人忌讳说自己的年龄，湖北送礼的数字或数量忌送与"八"相关的数量等；江西峡江地区乡俗中婚丧嫁娶不选在"八、十八、二十八"等带"八"的那几天，迎亲的人可多可少，但不能是八个。究其原因，与"八"的本义"分开"和"离别"有关。

在日本文化中，"八"被视为吉数。据研究，一是由于"八"的字形上窄下宽，比喻逐渐扩展、兴盛、前途越走越宽。二是因为日本古人将太阳作为一种图腾崇拜，这个图腾就是画着八道光芒向着八方伸展的太阳，他们以"八"命名太阳，称为"八咫""八幡"，因此，"八"被赋予"完美、强大、希望、吉祥、至高无上"的语义。三是与王权神统、政治斗争、农业有密切的关系。随着社会的发展，数字"八"在日语中的内涵也发生了一些改变，有时用作贬义，如"卦八百，嘘八百"源于江户时代民间艺术，现用来形容那些信口雌黄、诓骗世人的人。日本文化中"八"的内涵之所以发生如此大的变化，与中国阴阳五行学说等外来文化传入有关。

在俄罗斯文化中，数字"八"也有不同的象征意义。李德祥指出，由于"八"与两个正方形或一个八角形有关，介于正方形（或世间秩序）和圆形（或永恒秩序）之间，因此被视为再生的象征；"8"的形状让人们联想起天体永恒的螺旋状运动，将这个数看作无穷的象征；在中世纪神秘宇宙的演化中，数字"八"还正好与天空中已确定的星体的数量相符合。①

第十节 数字"九"及其民俗文化意义

《说文解字》："九，阳之变也。象其屈曲究尽之形。凡九之属皆从九。"② 数字"九"在中国文化中内涵非常丰富，深受中国人喜爱，原因有四。一是"九"是个位数中最大的数，也是《周易》阴阳五行说中阳数的最大数，且是"三"的倍数。《黄帝内经·素问》载："天地之至数，始于一，终于九焉。"③ 因此，古人用"九五（之尊）"象征帝王，赋予九"极、多、吉祥、神圣、重要"等涵义。中国古代还有"天有九野，地有九州"（《吕氏春秋·有始览·有始》）之说，产生了"九霄云外（极高）、九泉之下（极深）、九州方圆（极广）"等词语。二是"九"和"久"谐音，有"天长地久、健康长寿"之意。三是"九"在甲骨文、金文中的字形和"龙"很接近，被认为和龙有关。此外，"九"常与皇帝联系在一起，清代皇帝穿的是"九龙袍"，皇城留有九个城门，宫殿的台阶是九级，紫禁城有九千九百九十九间房，紫禁城的角楼采用九梁十八柱的建筑结构，加固大门的铜钉也是横九排、竖九排。④ 四是受经

---

① 李德祥：《俄语数字文化简论——兼与汉语数字文化比较》，《解放军外国语学院学报》2003年第2期。

② 许慎：《说文解字》，中华书局，1963年，308页。

③ 王冰编，戴铭、张淑贤、林怡、戴宇充点校：《黄帝内经·素问》，广西科学技术出版社，2016年，第36页。

④ 温洪瑞：《英汉数字符号系统及其文化涵义对比研究》，《山东大学学报（哲学社会科学版）》2003年第3期。

典影响。《易经》把"九"定为阳数,农历九月初九,月、日都是阳数,两"九"相重,故称重阳;"重阳日"特别吉利,最宜当作重大节日来庆祝;又因"九"在个位数中是最大的数字,两九相重,即至数相遇,"至而又至",又是两阳相叠、"阳上加阳"。"九"也有少数贬义用法,如"三教九流、臭老九"等说法。中国民间有"明九暗九非死即病"的说法;这里的"九"是指人带九的岁数;"明九"指九、十九、二十九、三十九等岁数;而"暗九"指九的倍数十八、二十七、三十六、四十五等岁数,所以北京地区的人们忌讳四十五岁,而湖南人忌讳三十六岁。

其他民族中,"九"有不同的民俗文化意义。由于日语中"九"与"苦"同音,日本人忌讳数字"九"。在古希腊文化中,"九"是一个充满了法文化意蕴的神秘数字,被人们说成是"正义"。北亚和中亚,人们就习惯将"九"与男人的勇敢和忍耐联系在一起。"九"在俄罗斯人心中有两种象征意义:一是象征地球、七颗行星及苍穹,即九种同心球体;二是象征巨大的危险或某事的高潮。此外,俄罗斯民间习俗认为人死后的第九天为祭日;序数词"九"还有"不重要、次要"之意。在英语国家,从词汇构成来看,英语的"nine"没有"神圣、尊贵"的涵义,而是既可表示"多""深",还可比喻"少""短暂"。

第十一节 数字"十"及其民俗文化意义

数字"十"在中国被视为吉数。中华民族对"十"的喜爱表现在凡事以十为标准数量,如"十圣、十大名花、花中十友、十大兵书、十大名寺、十大百科全书、十大新闻、十佳产品、十里长街、十里秦淮、十天干、十斋、十方、十谛、十洲"等。其原因一是与"十"的数学性质有关。"十"是零到十的最后一个数字,象征着完整、完满、完美等,如词语"十全十美"。(我国古代还发明了十进制,在一定的周期终结。)二是与方位有关。在中国古代,"十"字也象征着东、南、西、北四方,

《说文解字》载:"十,数之具也。一为东西,丨为南北,则四方中央备矣。"① 三是与巫术有关。在《周易》占筮中,"十"又是"成数"之极,表示神秘的圆满。四是与人类对自身的认识有关,如人有十指等。

"十"在其他一些民族中也被视为吉数。如俄罗斯民族将"十"视为神秘数,认为它象征完整、完美,俄语中有很多含有"十"的谚语。

第十二节 数字"十三"及其民俗文化意义

"十三"很受中国人青睐,北方的戏曲和曲艺的押韵都定为"十三辙";儒家的经典有十三经;明朝皇帝的陵墓有十三座,统称"十三陵";北京同仁堂药店有十三种最有名的中成药,号称"十三太保"。不过,"十三"也有贬义。张丽丽、戴卫平认为汉语中的"十三点"有"不正常,疯狂"的含义。据张德鑫《数里乾坤》,"十三点"在上海话中是损话,有"举止蠢傻、行为不得体"的意思。这种贬义和"十二"有关,因为人们认为"十二"为满数(如一年刚好十二个月,十二生肖),而"十三"则显得多余。除此之外,"十三"的禁忌义跟"十三"的谐音"失散"有关。

然而,英美等西方国家却很忌讳"十三",在日常生活中对"十三"忌而避之。一是受宗教的影响。《圣经》记载,耶稣和他的十二个门徒共进最后的晚餐,犹大为了三十块金币而出卖耶稣,致使耶稣被钉死在十字架上;席间,犹大正坐在第十三个座位上。此外,夏娃与亚当偷吃禁果之日是十三日。二是受神话故事的影响。在北欧斯堪的纳维亚半岛上流传着这样一个神话:有十二位神正在天国举行宴会,以祭奠阵亡将士英灵;宴会期间,凶神洛基到来,给众神带来了灾难,并使众神之首奥丁之子丧生。三是受原始人类心理的影响。在人类文明的蒙昧时期,人们用十个手指加上两只脚只能数到十二,因此凡是超过十二的数目就显得神秘莫测。后来人们发现十二可以均匀地分成两份、三份或四份,

---

① 许慎:《说文解字》,中华书局,1963年,第50页,第88~89页。

而十三却无法均匀地分开,因此,十三被视为不吉利的数字。四是不幸事件的发生日期多与"十三"有关,如雨果得知他的儿子的死讯的日子是 13 日;1985 年 9 月 13 日,欧洲十二国联合研制的阿里亚娜火箭升空不久后爆炸等。

在俄罗斯,"十三"也有用作吉数的情况,但这种用法较少。如:俄罗斯至今仍保持着每年都发第十三个月工资,即奖金的传统。

第十三节　其他数字及其民俗文化意义

除了上述提到的数字,汉语中还有一些数字,具有特定的民俗文化意义,如"十二""十五""三十六""七十二""一〇八""二百五"等。下面分别阐述:

据张德鑫《数里乾坤》,"十二"在命理学中象征完美、圆满和吉祥。如一年有十二个月,一昼一夜分别是十二个小时,中国和其他一些国家有十二生肖,西方有十二星座,《红楼梦》中有"金陵十二钗",人有十二指肠、十二对肋骨等。综合前人的研究,此外,"十二"是阳数"三"和阴数"四"的倍数,是"天之大数",也是二、三、四、六的最小公倍数。

汉语中还有一些谚语使用数字"十五",如"十五个吊桶打水——七上八下"。这样的谚语不多,我们认为在中国文化中数字"十五"没有明显的褒贬倾向。上述谚语主要是由于"十五"是"七"和"八"之和,受到"七""八"组成的词语及民俗文化意义的影响,如"乱七八糟、七手八脚"等。

《周易》认为"三"为天数,"四"为地数,"九"为天数的极数,"八"为地数的极数。张德鑫在《数里乾坤》中指出,"七十二"正好是"八"和"九"的乘积,因此"七十二"是一个表示极大、极多的概数;此外,太阴历一年三百六十天中青赤黄白黑五共上帝各占七十二天;孔子的弟子有七十二人,《西游记》中孙悟空有七十二变。"七十二"在中国传统文化中被视为吉数。

"三十六"是"四"和"九"的乘积，也是"七十二"的一半，且是偶数，也受到中华民族的青睐。据吴慧颖《中国数文化》，三十六既是六的平方数，又是二、三、四、六、九、十二的倍数，具有广泛地结合各因素、和谐地统一各部分的完美性质。由于人们对"三十六"的青睐，"三百六""三千六""三万六千"等数字也具有褒义。

　　在一些农村地区还有着"年到五十五，阎王数一数；年纪六十六，阎王要吃肉"的说法。因此，"五十五""六十六"都是民间比较忌讳的年龄。

　　"一〇八"跟佛教有很深的渊源，如"一〇八尊、一〇八遍、一〇八声、一〇八下、一〇八种烦恼"，此外，"一〇八"还可以分解为不同数的乘积，具有众多、广大、高深、美好等涵义。

　　"二百五"，常用于詈骂，指称傻、不懂事且倔强莽撞的人。究其原因，跟儒家重农抑商、重义轻利的传统思想有关。张丽丽、戴卫平认为古代二百五十两银子为半封，和"半疯"谐音。

　　据张德鑫《数里乾坤》，孔子死于七十三岁、孟子死于八十四岁，所以民间仍有不少人忌讳这两个数字，甚至有"七十三，八十四，自己去"的说法。

　　"百""千""万"在汉语中都表示数量多或极多，汉语中"千""万"构成的成语表示极多、极盛、极久、极难、极繁等；英语"hundred""thousand"与汉语数字"千""万"在比喻意义上也有共同之处，用作复数时也表示"极多""极远"，如"百折不挠、千篇一律、万众一心""hundreds of people、thousands of miles"等。

　　此外，随着全球一体化进程推进，东西方文化发生碰撞交汇。人们常常利用数字的形、音、义表示特定的语义，导致一些数字产生语义定势迁移。如：利用汉语读音谐音，"520"代表"我爱你"，"525"代表"我爱我"，"7885"代表"请帮帮我"，"168"代表"一路发"；由于与"win"的过去式"won"同音，用英文中的"one"代表"赢、得胜、夺魁"等。

余 论

余 论

本书对汉语数字词语的结构、词义、语法功能，21世纪的汉语数字新词语等进行深入论述，对中外数字的民俗文化意义进行了对比分析。但限于篇幅，本书还有一些不足，在未来需要进一步深入研究。

在绪论部分，本书主要对国内学者关于数字词语的研究进行述评，而对于国外学者的相关研究成果了解不够。未来的研究工作，可针对国内外关于汉语数字词语的相关研究成果进行对比分析。如使用CiteSpace等可视化分析软件，进行直观展示。

在汉语数字词的结构部分，本书把从意义的角度不能再拆分出更多构件的数字词划为单纯词，能够再拆分出更多构件的数字词划为合成词。另外，对内部语义结构和外部形式之间可能无法完全对应，不能按一般语义结构规则分析的特殊结构的数字词进行了探究。单纯数字词中数量比较多的是联绵数字词和音译外来数字词两类。数字语素在这类词中虽参与了构词，但不表达任何"数"的意义，只是代表一个音节。这些词语在日常生活中出现的频率较低，但仍然应得到汉语学习者和汉语教师们关注和了解。在对合成数字词的研究中，我们也看到了一些有趣又特殊的词汇现象，如少数复合式数字词，其结构顺序与正常的情况有所不同："洗三"指在婴儿出生后第三天洗澡；"烧七"指在亲人去世后的第七天烧纸祭奠。有学者把这类词称为"逆序式复合词"。为何是"洗三"而不是"三洗"，"烧七"而不是"七烧"，其字面顺序与词根实际所表示的语义关系形成相反的对照？此外，有些学者把"乌七八糟""零七八碎"中的"七八"看作"中缀"，但汉语词汇中是否有"中缀"仍是有争议的一个话题。当代汉语中的一些语素，如本书中所讨论过的"零""二代"等，产生了较为明显的词缀化倾向，一些学者把它们称为"类词缀"，但对于"类词缀"的划分又较为主观，缺乏一些严格的标准。所谓的类词缀到底是词根还是词缀需要有个定夺。这些都值得词汇研究者深入思考。数字待嵌格式是汉语所特有的，由两数字交替显现、两字（个别的为多字）交替隐含而需人们在使用中将隐含的字填补进去以成就一个新的词汇单位的准四字格式。数字待嵌格式具有固定性，是一种约定俗成的结构框架，同时又能产生大量的四字格形式，是汉语词汇单位的重要来源。但由于时间和精力有限，我们仅从共时层面对数字待嵌格式作了简单的分类列举，在今后的研究中，还应从历时层面对汉语数字待嵌格式的产生和发展作出更为详细的梳理，以更好地把握这类语言格式的发展规律。目前，一些学者已经注意到了数字待嵌格式与自然语言的计算机处理有重要的关系，我们也应在今后多多关注此类研究。

在数字词的词义部分，我们将目光聚焦于词的概念意义，重点探讨数字词的理性义和附加色彩义。表示不同虚实概念的数字词所凸显的词义特点不一样，总的来说，可以分为词义模糊性和词义精确性两类，数字词的附加义包括积极附加义和消极附加义。词义由词汇意义与语法意义共同构成，由于作者能力所限，书中几乎没有讨论数字词的语法意义，这是本书的一大缺憾。同时，本书对数字词的深层文化意义理解尚浅，这方面仍待深入挖掘。

当代汉语新词语数量庞大，无论是在产生原因、词汇结构、语义变化还是发展衍生方面都具有新时代特色。部分数字新词呈词群化发展是在类推机制作用下产生的一种规律性较强的语言现象，也是当代汉语新词语发展的一大趋势。但囿于本书篇幅，我们文中仅列举了最具有代表性的一些数字新词，较为详细地考察了以"零X""X二代"和"X零后"为代表的数字新词群。"零X"和"X二代"体现了当代汉语新词语发展中的词缀化倾向；"X二代"和"X零后"这种作为数字词或数字语素参与构成的新兴称谓，反映了语言背后的时代背景和诸多社会现象；"X零后"的反悖用法和谐音再造是当代汉语借形赋义和借音赋形造词方式的典型代表。这三类词群有其常用和固定的语义语法框架，但它们在发展中也有背离原型语义语法框架的情况，产生一些变异。这些问题都值得词汇研究者细致、深入地去发掘和探索。

在中外数字民俗文化意义对比分析部分，由于不同民族的文化差异，有的数字在汉语中具有鲜明的民俗文化意义，而在其他民族的语言中并非文化词语，没有相同、相近、相反或相对的文化伴随意义，不同数字的民俗文化意义对比分析并不均衡。此外，由于参考文献有限，以及缺乏一手调研材料，本书所概括的中外数字民俗文化意义的异同及致因并不全面。因此，尽管关于数字文化的研究成果已经十分丰富，但关于中外数字对比研究的成果还不够充分,值得深入挖掘。

  研究由数字或数字语素参与构成的新词语有着多方面的价值,比如:促进新词新语词典的编纂工作;提高对外汉语词汇教学效率,为对外汉语教材的编写提供新鲜的语料;有利于语言规范工作;为社会语言学的跨学科研究,及不同国家间的跨文化比较研究等提供语言学的依据和支撑。语言随着社会的发展而变化,进入网络时代以后,新事物、新观念层出不穷,数字也被赋予了许多新的文化内涵。我们也会在今后的研究中,紧跟时代的步伐,敏锐捕捉汉语词汇的各种变化。

参考文献

一、专著

《汉语大词典》编纂处. 汉语大词典［M］. 上海：汉语大词典出版社，1993.

《汉语大字典》编纂处. 汉语大字典（第二版）［M］. 武汉：崇文书局，2010.

爱德华·萨丕尔. 语言论［M］. 北京：商务印书馆，2007.

鲍厚星，罗昕如. 现代汉语［M］. 长沙：湖南师范大学出版社，2009.

曹炜. 现代汉语词汇学［M］. 上海：学林出版社，2001.

常敬宇. 汉语词汇文化［M］. 北京：北京大学出版社，2009.

陈望道. 修辞学发凡［M］. 上海：上海教育出版社，1976.

冯胜利. 汉语的韵律、词法与句法［M］. 北京：北京大学出版社，1997：20.

符淮青. 词义的分析和描写［M］. 北京：外语教学与研究出版社，2006.

符淮青. 现代汉语词汇（增订本）［M］. 北京：北京大学出版社，2004.

高名凯，石安石. 语言学概论［M］. 北京：中华书局，1963.

葛本仪. 汉语词汇研究［M］. 北京：外语教学与研究出版社，2006.

韩杰. 数字与色彩趣谈［M］. 北京：中华书局，2010.

胡裕树. 现代汉语［M］. 上海：上海教育出版社，1981.

黄伯荣，廖序东. 现代汉语［M］. 北京：高等教育出版社，2010.

黄士毅，徐时仪，杨艳.《朱子语类》汇校［M］. 上海：上海古籍出版社，2016.

贾彦德. 汉语语义学［M］. 北京：北京大学出版社，2006.

蒋绍愚. 汉语历史词汇学概要［M］. 北京：商务印书馆，2016.

杰佛里·N. 利奇. 语义学［M］. 上海：上海外语教育出版社，1987.

李安辉，李时佳. 神秘文化数生肖（修订版）［M］. 开封：河南大学出版社，2005.

李泉. 副词和副词的再分类［M］//胡明扬. 词类问题考察. 北京：北京语言文化大学出版社，1996.

李亚洪. 主谓式复合词语义结构与句法功能研究［D］. 南京：南京师范大学，2018.

刘叔新. 汉语描写语言学［M］. 北京：商务印书馆，2005.

刘焱，汪如东，周红. 现代汉语概论［M］. 上海：上海教育出版社，2009.

刘颖. 语言学概论［M］. 重庆：重庆大学出版社，2012.

陆志伟. 陆志伟语言学著作集（三）［M］. 北京：中华书局，1990.

罗常培. 语言与文化［M］. 北京：北京大学出版社，2009.

吕叔湘. 汉语语法分析问题［M］. 北京：商务印书馆，1979.

吕叔湘. 现代汉语八百词［M］. 北京：商务印书馆，1980.

吕叔湘. 中国文法要略［M］. 北京：商务印书馆，1942.

梅萌．汉语成语大全（第 3 版）[Z]．北京：商务印书馆，2017．

齐沪扬．现代汉语 [M]．北京：商务印书馆，2007．

曲彦斌．语言民俗学概要 [M]．郑州：大象出版社，2015．

史本善，高平均，刘春．中国传统数字文化大全 [M]．北京：团结出版社，2017．

史有为．新华外来词词典 [Z]．北京：商务印书馆，2019．

苏新春．文化语言学教程 [M]．北京：外语教学与研究出版社，2006．

孙满绪．日语和日本文化 [M]．北京：外语教学与研究出版社，2007．

索绪尔．普通语言学教程 [M]．北京：商务印书馆，1980．

王力．汉语史稿 [M]．北京：中华书局，2004．

王力．中国现代语法 [M]．北京：中华书局，1954．

王勇．大众传媒与社会越轨行为 ——社会控制视域下的社会越轨新闻信息研究 [M]．北京：光明日报出版社，2010：81．

位同亮．中华数字文化 [M]．济南：泰山出版社，2002．

温端政．汉语语汇学教程 [M]．北京：商务印书馆，2006．

吴福祥．《朱子语类辑略》语法研究 [M]．开封：河南大学出版社，2004．

吴慧颖．中国数文化 [M]．长沙：岳麓书社，1995．

吴义方，吴卸耀．数字文化趣谈 [M]．上海：上海大学出版社，2005．

伍谦光．语义学导论 [M]．长沙：湖南教育出版社，1988．

武立金．数文化鉴赏词典 [M]．北京：军事谊文出版社，1999．

武占坤，王勤．现代汉语词汇概要 [M]．呼和浩特：内蒙古人民出版社，1983．

向熹．简明汉语史 [M]．北京：高等教育出版社，1993．

邢福义．文化语言学 [M]．武汉：湖北教育出版社，2000．

邢福义．现代汉语 [M]．北京：高等教育出版社，1991．

徐珂．清稗类钞 [M]．北京：中华书局，1984．

徐振邦．联绵词大词典 [Z]．北京：商务印书馆，2017．

许威汉．汉语词汇学导论 [M]．北京：北京大学出版社，2008．

杨琳．汉语词汇与华夏文化 [M]．北京：语文出版社，1996．

杨鸣园．中国汉字中的数字文化 [M]．杭州：浙江工商大学出版社，2018．

杨荣祥．近代汉语副词研究 [M]．北京：商务印书馆，2005．

叶蜚声，徐通锵．语言学纲要（修订版）[M]．北京：北京大学出版社，2011．

俞理明．"二杆子"杂考 [M] //燕赵学术（春之卷）．成都：四川辞书出版社，2013．

张斌．新编现代汉语 [M]．上海：复旦大学出版社，2008．

张德鑫．数里乾坤 [M]．北京：北京大学出版社，1999．

张登歧．现代汉语 [M]．北京：高等教育出版社，2005．

张清源. 现代汉语常用词词典［M］. 成都：四川人民出版社，1992.

张亚军. 副词与限定描状功能［M］. 合肥：安徽教育出版社，2002.

张谊生. 现代汉语副词研究［M］. 上海：学林出版社，2000.

张志毅，张庆云. 词汇语义学［M］. 北京：商务印书馆，2012.

章俗，谷超. 成语典故源流故事赏析辞书［M］. 北京：教育科学出版社，1990.

赵光勇，吕新峰. 史记研究集成·五帝本纪［M］. 西安：西北大学出版社，2019.

中国社会科学院语言研究所词典编辑室. 现代汉语词典（第 7 版）［Z］. 北京：商务印书馆，2016.

周荐. 词汇论［M］. 北京：商务印书馆，2016.

周荐. 词语的意义和结构［M］. 天津：天津古籍出版社，1994.

周一民. 现代汉语［M］. 北京：北京师范大学出版社，2007.

二、期刊论文

曹炜，吴汉江. 汉语数字词初探［J］. 术语标准化与信息技术，2008（1）.

曹炜. 汉语词义的显性理据和隐性理据［J］. 沈阳师范学院学报（社科版），1994（2）.

曾劲. "数×数×"型成语浅析［J］. 中南民族大学学报（人文社会科学版），2009，29（2）.

陈璧耀. 从"七荤八素"说到汉语的数词成语［J］. 语文建设，2004（5）.

陈绂. 浅析嵌有数字的成语——兼谈对外汉语教学中的文化内容［J］. 语言文字应用，2009（4）.

陈辉. 文化观照下的英汉数字崇拜［J］. 苏州科技学院学报（社会科学版），2005（2）.

陈妹金. 广告的数字魔方［J］. 语文建设，1994（10）.

陈燕，杨小平. 词典能否收录数字词探析［J］. 宜宾学院学报，2009（8）.

陈云五. 方俗语源杂释［J］. 上海师范大学学报，1993（4）.

陈运香. "一"意深远——汉英数字"一"的哲学文化蕴含探析［J］. 社会科学家，2005（3）.

陈运香. 汉英数字中的国俗语义解析对比［J］. 河南师范大学学报（哲学社会科学版），2008（5）.

程俊. 时尚语言使用情况探微［J］. 西南民族大学学报（人文社科版），2004（10）.

丛亚平. 论俄汉民族的数字文化［J］. 中国俄语教学，2006（2）.

崔希亮. 基于语料库的新媒体语言透视［J］. 当代修辞学，2019（5）.

邓丹阳. 详解数字词的存在与使用［J］. 语文建设，2019（22）.

刁晏斌. 论当代汉语"借音赋形"现象［J］. 辽宁大学学报（哲学社会科学版），2016，44（1）.

丁明玮. "瘪三"来源杂说［J］. 咬文嚼字，2012（5）.

丁鹏. 汉维数字禁忌文化浅析［J］. 语言与翻译，2000（3）.

丁秀菊. 数词成语的文化阐释［J］. 齐鲁学刊，2003（5）.

董正存. 汉语中序列到量化的语义演变模式［J］. 中国语文，2015（3）.

董正存. 现代汉语量化方式副词的语义特征、句法表现及教学建议——以"逐一""纷纷"为例［J］. 宁夏大学学报（人文社会科学版），2016（4）.

杜彬. 对外汉语专业学生文化翻译技能的培养策略［J］. 教育与职业，2009（21）.

杜倩. 包含模糊数词的四字成语释义的几个问题——以《现代汉语词典》05年版的释义为例［J］. 文学界（理论版），2012（1）.

范晓玲. 跨文化交际视角下对中亚留学生敏感话题的调查分析［J］. 新疆社会科学，2015（1）.

付伊. 广告语中的数字美［J］. 修辞学习，2003（2）.

高群，谭学纯. 夸张研究：结构·语义·语篇［J］. 语言文字应用，2012（3）.

葛万学，葛东岩. 高中二年级（上册）哲理成语［J］. 思想政治课教学，1993（10）.

龚晓斌. 原型范畴理论对于汉英成语相互转换的启示［J］. 山东外语教学，2010，31（2）.

郭鸿杰，周芹芹. 现代汉语新词语的构词特点——兼评《新华新词语词典》［J］. 解放军外国语学院学报，2003（4）.

郭龙生. 数词"零"的不同形式及其应用现状分析［J］. 语言文字应用，2015（2）.

郭小娜. 现代汉语方式副词的界定及再分类［J］. 广东广播电视大学学报，2010（3）.

何柏生. 神秘数字的法文化蕴含［J］. 政法论坛，2005（4）.

何令祖. "富二代"引领的"×二代"［J］. 咬文嚼字，2011（5）.

侯羽，赵莹莹，王润朗. 《红楼梦》四字格句法功能和审美功能特征研究［J］. 燕山大学学报（哲学社会科学版），2021（4）.

胡双宝. 说"三"道"四"：汉语数字文化研究的开掘——《数里乾坤》读后［J］. 语文研究，2002（2）.

胡云晚. 《百家讲坛》新词语的文化心理［J］. 求索，2009（6）.

胡云晚. 网络新词语的文化价值取向及文化行为方式［J］. 江汉论坛，2009（12）.

黄兵. 网络词汇变异的社会文化心理透视［J］. 黑龙江高教研究，2012，30（11）.

黄中祥. 维吾尔哈萨克语中的四十和七反映的文化特征［J］. 新疆大学学报（哲学社会科学版），1995（2）.

参考文献

惠天罡. 近十年汉语新词语的构词、语义、语用特点分析［J］. 语言文字应用，2014 (4).

惠天罡. 网络词语构词探析［J］. 修辞学习，2006 (2).

季丽莉. 商标的社会语言学分析［J］. 社会科学家，2008 (8).

姜丽. 日汉语言中数字的文化内涵［J］. 贵州师范大学学报（社会科学版），2009 (3).

蒋虹. 灵动的数字［J］. 俄罗斯文艺，2003 (5).

蒋莉，杨小平. 浅谈网络数字词［J］. 牡丹江师范学院学报（哲学社会科学版），2010 (1).

蒋绍愚. 词的语义成分与词的句法功能［J］. 语文研究，2017 (4).

蒋绍愚. 词义的发展和变化［J］. 语文研究，1985 (2).

蒋绍愚. 关于汉语词汇系统及其发展变化的几点想法［J］. 中国语文，1989 (1).

解海江. 汉语文化词典释义的几个问题［J］. 辞书研究，2012 (3).

孔瑛. 网络语对大学生语言的异化蠡测［J］. 语文建设，2014 (5).

黎昌友. 网络语词的类型［J］. 广西社会科学，2008 (12).

李春玲. "80 后"现象的产生及其演变［J］. 黑龙江社会科学，2013，(1).

李德祥. 俄语数字文化简论——兼与汉语数字文化比较［J］. 解放军外国语学院学报，2003 (2).

李国南. 对比修辞学：关于对比框架的构想［J］. 四川外语学院学报，2005 (06).

李国南. 英语观照下的汉语数量夸张研究——"三""九"的汉文化特征［J］. 外语与外语教学，2004 (11).

李辉. 论汉语数字词的表义模糊性功能［J］. 现代语文，2018 (3).

李梅. 浅论现代汉语情态、方式副词［J］. 西南民族学院学报（哲学社会科学版），2001 (8).

李其进，王传斌. 挖掘农村民俗文化数学元素 服务农村小学数学教学［J］. 现代教育科学，2011 (4).

李速立. 刍议中西文化差异在语言交流中的体现［J］. 理论导刊，2008 (4).

李文戈，武柏珍. 翻译学视野中的语言模糊性［J］. 外语学刊，2004 (3).

李永斌. 拉萨店名的语言特征［J］. 西藏大学学报（社会科学版），2018，33 (2).

林伦伦. 汉英委婉语禁忌语的异同及其文化原因［J］. 汉字文化，1997 (1).

刘芳. 成语数词格式之初探［J］. 语言研究，2002 (S1).

刘钦明. "网络语汇"的组合理据分析［J］. 语言教学与研究，2002 (6).

刘善涛，李敏，亢世勇. 对外汉语新词教学信息库的研究与实现［J］. 语言文字应用，2011 (1).

刘文霞，棘阳. 汉俄语中含有数字"七"的词组、成语之内涵、外延及其翻译 [J]. 郑州大学学报（哲学社会科学版），2003（1）.

刘晓新. 隐喻性思维与英汉民族心理差异的研究 [J]. 教育评论，2008（1）.

刘晓雪. 汉语言中数字的符号意义及翻译探讨 [J]. 教学与管理，2007（6）.

刘艳平. 中、高级对外汉语成语教学的调查与反思 [J]. 汉语学习，2013（5）.

骆昌日，何婷婷. 网络语言的特点及其情感性意义 [J]. 武汉理工大学学报（社会科学版），2015，28（2）.

吕兰. 英汉表达差异点滴 [J]. 广西民族学院学报（哲学社会科学版），1995（S1）.

马国凡. 四字格论 [J]. 内蒙古师大学报（哲学社会科学版），1987（S2）.

马琴，王京华. 谈文化差异与英汉词汇不对应现象 [J]. 教学与管理，2008（36）.

马思周. 论数词虚化 [J]. 语文研究，1999（3）.

马玉红，彭琰. 北京高校学生新词新语使用现状调查及其语言学思考 [J]. 语言文字应用，2013（3）.

闵毅，伍丹，宗莉加，等. 浅谈网络写作中的副语言运用 [J]. 语文建设，2013（35）.

牟玉华，谢旭慧. "网络语言"影响下的汉语、汉字发展趋势 [J]. 山西师大学报（社会科学版），2008（6）.

慕春艳. 谈成语中的数字 [J]. 中学语文教学，1998（2）.

彭巧燕，贺方春. 网络语言与语言教育 [J]. 教育探索，2007（6）.

彭永爱. 汉英数字模块语义定势与文化心理变数 [J]. 湖南社会科学，2011（3）.

齐沪扬，邵洪亮. 沪上校园新词语的构成、来源及结构方式 [J]. 上海师范大学学报（哲学社会科学版），2006（4）.

齐沪扬，邵洪亮. 新词语可接受度的多角度审视——兼谈新词语的规范问题 [J]. 上海师范大学学报（哲学社会科学版），2008（2）.

秦秀白. 网语和网话 [J]. 外语电化教学，2003（6）.

邱志华. 语言模糊性的语用研究 [J]. 江西社会科学，2002（11）.

邵宜. 近年的新词语研究 [J]. 学术研究，2004（9）.

施春宏. 网络语言的语言价值和语言学价值 [J]. 语言文字应用，2010（3）.

汪苏. 论写作学如何正确对待QQ语言 [J]. 湖北民族学院学报（哲学社会科学版），2013，31（1）.

王浩，张标. 《说文》部首创制观念研究 [J]. 天津师范大学学报（社会科学版），2012（4）.

王静. 文化意象的解读——谈《汤姆叔叔的小屋》的翻译策略 [J]. 语文建设，2016（33）.

王俊霞. 数字成语的类型、结构和意义说略［J］. 盐城师范学院学报, 2010 (2).

王黎. 从认知角度看隐喻翻译中的喻体意象转换［J］. 西北大学学报（哲学社会科学版）, 2009, 39 (6).

王宁. 论词的语言意义的特性［J］. 北京师范大学学报（社会科学版）, 2011 (2).

王萍. 论空间维度下语言景观的历史变迁［J］. 求索, 2013 (6).

王永忠, 潘安. 汉语成语中数字模糊性的理解及其行文翻译［J］. 安徽工业大学学报, 2002 (1).

温洪瑞. 英汉数字符号系统及其文化涵义对比研究［J］. 山东大学学报（哲学社会科学版）, 2003 (3).

吴连生. "瘪三"词义探源［J］. 咬文嚼字, 1999 (6).

吴远. 汉字"○"辨析［J］. 社会科学家, 2005 (S1).

吴早生. 数字对举格式的构式语义［J］. 中国社会科学院研究生院学报, 2014 (4).

武小军. 网名成因的社会语言学阐释［J］. 求索, 2006 (11).

肖跃田. 数字模糊语义及文化意象的解读与英译——以《子夜吴歌》、《早发白帝城》及其英译为例［J］. 外语教学, 2008 (4).

谢洪欣. 浅论数词的运用与文化协调［J］. 社会科学家, 2008 (1).

徐国红. 网络语言的渗透及其规范化思考［J］. 语文建设, 2013 (29).

徐庆凯. 《语言大典》词目类型举隅［J］. 辞书研究, 1994 (6).

许宝华, 汤珍珠, 钱乃荣. 上海方言的熟语（二）［J］. 方言, 1985 (3).

许宝华, 汤珍珠, 钱乃荣. 上海方言的熟语（三）［J］. 方言, 1985 (4).

许宝华, 汤珍珠, 钱乃荣. 上海方言的熟语（一）［J］. 方言, 1985 (2).

许剑宇. 一种以"一"与"半"为特征词的关系构式［J］. 浙江大学学报（人文社会科学版）, 2021, 51 (5).

晏荣. "X二代"现象：制度性壁垒与社会排斥［J］. 中国青年研究, 2011 (7).

杨建国. 面向汉语国际教育的汉语文化词语的界定、分类及选取［J］. 语言教学与研究, 2012 (3).

杨文全, 曹敏. 语言"塔布"与委婉：人类话语行为的制衡器［J］. 西南师范大学学报（人文社会科学版）, 2002 (6).

杨文全, 杨绪明. 试论新词新语的消长对当代汉语词汇系统的影响［J］. 四川师范大学学报（社会科学版）, 2008 (1).

杨绪明, 杨文全. 当代汉语新词新语探析［J］. 汉语学习, 2009 (1).

姚小烈. 中韩交流中的网络语言文化障碍［J］. 南通大学学报（社会科学版）, 2017, 33 (1).

殷莉, 韩晓玲. 民族文化心理与英汉数字习语［J］. 外语与外语教学, 2004 (9).

俞理明. 汉语词汇中的非理复合词——一种特殊的词汇结构类型：既非单纯词又非合成词［J］. 四川大学学报（哲学社会科学版），2003（4）.

虞忠. 上海话里有趣的"三"［J］. 语文建设，2001（8）.

袁健惠. 上古汉语名源动词的语义结构和句法功能［J］. 烟台大学学报（哲学社会科学版），2021（4）.

袁伟. "（X）万"从数词到副词的发展［J］. 汉语学习，2012（3）.

袁子凌，许之所. 网络语言的特点及其文化意义［J］. 武汉理工大学学报（社会科学版），2008（2）.

原绍锋. 对外汉语教学渗透文化传播之方法论［J］. 中央财经大学学报，2014（S1）.

张德鑫. "百、千、万"小考漫议（之二）［J］. 汉语学习，1999（4）.

张德鑫. "百、千、万"小考漫议（之一）［J］. 汉语学习，1999（3）.

张德鑫. "半"解［J］. 语言文字应用，1999（2）.

张德鑫. "零"与"○"［J］. 世界汉语教学，1993（4）.

张德鑫. "三十六、七十二、一〇八"阐释［J］. 汉语学习，1994（4）.

张德鑫. 数"九"［J］. 中国文化研究，1998（3）.

张德鑫. 数字姓、称、名——汉语数文化一奇观［J］. 汉语学习，1995（1）.

张德鑫. 谈尚五［J］. 汉语学习，1993（6）.

张红运. 数字与时空——古老数字的文化内涵［J］. 汉字文化，1999（3）.

张金霞. 四字成语中"一"的数字配合使用研究［J］. 山东师范大学学报（人文社会科学版），2011，56（2）.

张丽丽，戴卫平. 英汉数字词喻义研究［J］. 广西社会科学，2008（2）.

张润娟. 网络语言的发展趋势和立法规范研究［J］. 河北法学，2007（10）.

张铁文. 阿拉伯数字引入汉语的历程［J］. 中国语文，2020（6）.

张廷香，吕艳辉. 非汉字词的形音规范化探讨［J］. 社会科学家，2007（3）.

张威，徐小婷. 阿拉伯数字词探析［J］. 宁夏大学学报（人文社会科学版），2007（3）.

张晓传. 当代数字词语浅析［J］. 语文学刊，2009（19）.

张秀华. 日本民族文化中的圣数"八"探析［J］. 南开学报，2003（6）.

张谊生. 当代新词"零X"词族探微——兼论当代汉语构词方式演化的动因［J］. 语言文字应用，2003，（1）.

张志佩. 现代媒体体育新闻标题的语文文体解读［J］. 语文建设，2013（29）.

张志毅. 词的理据［J］. 语言教学与研究，1990（3）.

章康美. 数字成语的抽象义说略［J］. 逻辑与语言学习，1993（2）.

章黎平，解海江. 汉语文化词典收词的科学性原则［J］. 辞书研究，2008（4）.

赵金铭. 汉语教学与研究的发展和创获——第四届国际汉语教学讨论会论文综述[J]. 语言教学与研究, 1993 (4).

赵伟礼. 英汉体语词对比——从人体习语的文化意义谈起[J]. 华南理工大学学报（自然科学版）, 1997 (S2).

赵玉春. 1234567890营销策略上"数"的妙用[J]. 河南统计, 1994 (12).

周洪学. 论网络语言的陌生化手段[J]. 求索, 2012 (1).

周荐.《现代汉语词典》中的待嵌格式[J]. 中国语文, 2001 (6).

周荐. 词的表达色彩的性质和类别[J]. 天津社会科学, 1993 (6).

周荐. 论四字语和三字语[J]. 语文研究, 1997 (4).

周荐. 数字仿语的构成及其为词典收条的问题——汉语词汇类型近代以来的发展变化举隅之一[J]. 汉语学习, 2005 (1).

周启强, 谭丹丹. 从模因论看网络新词语的构词特点[J]. 湖南科技大学学报（社会科学版）, 2013, 16 (5).

周卫红. 论网络语言的后现代文化内涵[J]. 晋阳学刊, 2006 (5).

周瑛. 信息传播媒介影响下的语言变化探析[J]. 学术探索, 2012 (2).

周舟. 80后、90后刍议[J]. 学周刊, 2016 (22).

朱葵, 吴军赞. 从文化视角探讨英汉习语中数词模糊性的处理[J]. 西南民族大学学报（人文社会科学版）, 2012, 33 (5).

朱祖延. 释"十二"、"三十六"、"七十二"[J]. 武汉师范学院学报（哲学社会科学版）, 1978 (1).

邹立志. 从语言系统本身看网络语言的规范[J]. 修辞学习, 2007 (3).

三、学位论文

代少若. 湖南赣语词汇研究[D]. 西安：陕西师范大学, 2016.

丁艳. 汉语植物词语研究[D]. 呼和浩特：内蒙古大学, 2020.

郭靖云. 现代汉语方式副词来源研究[D]. 长沙：湖南师范大学, 2012.

胡亭.《汉语水平词汇和汉字等级大纲》中的数字词研究[D]. 成都：四川大学, 2017.

霍文博. "热门·电竞"微博语篇研究[D]. 长春：吉林大学, 2020.

季薇. 现代汉语副词问题研究[D]. 天津：天津师范大学, 2001.

蒋向勇. 现代汉语缩略语的认知研究[D]. 长沙：湖南师范大学, 2014.

卡丽娜. 乌汉语词汇对比研究[D]. 上海：复旦大学, 2008.

刘文宇. 汉英双语者数字、汉语数词加工及语言选择的机制研究[D]. 大连：大连理工大学，2009.

孟祥英. 汉语待嵌格式研究［D］. 济南：山东师范大学，2010.

裴红幸. 汉越俚语比较研究［D］. 南宁：广西民族大学，2020.

任广旭. 中韩数词应用对比研究［D］. 北京：中央民族大学，2013.

吴纪梅. 汉语常用单音动词带宾情况的历时考察［D］. 武汉：华中师范大学，2008.

俞理明. 汉语缩略研究［D］. 成都：四川大学，2002.

岳岚. 晚清时期西方人所编汉语教材研究［D］. 北京：北京外国语大学，2015.

周瑞敏.《现代汉语词典》（第五版）数字词语研究［D］. 乌鲁木齐：新疆师范大学，2013.

张瑜. 吉尔吉斯斯坦学生汉语数字成语掌握情况［D］. 乌鲁木齐：新疆大学，2015.